懂孩子，才能更好地爱孩子

DONG HAIZI, CAINENG GENG HAO DE AI HAIZI

说家庭教育

著

运用巫丫九型性格心理学，
破除孩子成长的60个困境

企业管理出版社
ENTERPRISE MANAGEMENT PUBLISHING HOUSE

图书在版编目（CIP）数据

懂孩子，才能更好地爱孩子：巫丫说家庭教育 / 巫丫著 . —北京：企业管理出版社 , 2021.6

ISBN 978-7-5164-2370-7

Ⅰ . ①懂… Ⅱ . ①巫… Ⅲ . ①家庭教育 Ⅳ . ① G78

中国版本图书馆 CIP 数据核字 (2021) 第 071546 号

书　　名：	懂孩子，才能更好地爱孩子：巫丫说家庭教育
作　　者：	巫　丫
责任编辑：	侯春霞
书　　号：	ISBN 978-7-5164-2370-7
出版发行：	企业管理出版社
地　　址：	北京市海淀区紫竹院南路 17 号　　邮编：100048
网　　址：	http://www.emph.cn
电　　话：	发行部（010）68701816　　编辑部（010）68420309
电子信箱：	pingyaohouchunxia@163.com
印　　刷：	河北宝昌佳彩印刷有限公司
经　　销：	新华书店
规　　格：	145 毫米 ×210 毫米　　32 开本　　7.375 印张　　155 千字
版　　次：	2021 年 6 月第 1 版　　2021 年 6 月第 1 次印刷
定　　价：	68.00 元

版权所有　　翻印必究　　印装有误　　负责调换

谨以此书献给天下所有爱孩子,并希望孩子健康卓越成长的家庭及父母,以及与我同样痴迷巫丫九型性格心理学的爱好者及研究者。

巫 丫

作者简介

　　巫丫，1982年出生，湖南师范大学汉语言文学专业毕业，厦门大学及福州大学特聘讲师，巫丫九型性格心理学创始人。研究性格心理学实战应用16年，拥有丰富的家庭教育实战经验，帮助数万名家长及孩子认识自己，走出困境及迷茫，适应环境，选对专长及职业，拥有健全的人格及强大的内心。

　　巫丫2017年2月21日接受CCTV7栏目组采访；并于2019年至今被江西卫视《金牌调解》情感真人秀栏目聘为性格心理学专家观察员，利用巫丫九型性格心理学，帮助中国乃至世界的来访嘉宾了解自己，洞悉他人，化解家庭关系中的夫妻或婆媳矛盾，促进亲子关系改善及家长对孩子的因材施教,其专业能力深受观众认可。

巫丫在九型性格心理学理论研究的基础上,独树一帜地创造了"巫丫九型人格"。基于巫丫九型人格,结合中国人特有的微表情与身体语言,可在3~5分钟快速解读一个人的性格,读懂对方的内心世界(精准度高达80%以上)。

巫丫认为,在家庭教育中,"懂"孩子,才能更好地"爱"孩子。"懂",是"爱"的前提与核心。

序言
XUYAN

很多家长在开展家庭教育时，缺乏正确的教育理念，永远把孩子的学习成绩及排名放在首位，却完全忽略了孩子强大内心及健全人格的培养，最终导致亲子关系频繁出现问题，各种矛盾和冲突层出不穷。更可怕的是，由于父母不懂孩子及错过孩子最佳的培育期，不仅无法走入孩子的内心世界，而且有时家长还因错误的言行、错误的教育方式及爱的表达方式，导致孩子内心严重遭受创伤，出现自闭、叛逆、抑郁、早恋、自残、自杀……这不仅严重影响孩子一生的健康与幸福，而且父母也因此苦不堪言，甚至悲观绝望，悔恨终生。

本书收集了中国家庭教育中司空见惯却又令家长头痛的 60 个疑难问题，深度挖掘家庭教育问题背后的真相，并提供了正确有效的综合解决方案及实操技能，帮助家长形成正确的教育理念，真正地懂得孩子，为孩子提供有利于身心健康成长的优质家庭环境，化解亲子关系中的各种矛盾与冲突，由内而外地帮助孩子变得更加强大、优秀和幸福。

这本书浓缩了 16 年来巫丫九型性格心理学在家庭教育中的实战精华，值得每位家长学习、借鉴及参考。当然，也欢迎家长发现与指正不足。同时，若有更好的有利于孩子成长的理念、方法与策略，也欢迎家长及读者来电来稿，我们将虚心学习及吸收。

　　本书在编写的过程中，得到了很多人的帮助。一位是我的学生及"战友"卢晓星女士，她作为两个孩子的母亲，在接触巫丫九型性格心理学之后，更客观全面地认识了自己并懂得了孩子，在家庭教育过程中真正做到了因材施教，极大地改善了她与孩子的亲子关系，培养孩子拥有了健全的人格及强大的内心。因为受益巨大，她成为巫丫九型的"铁粉"，并为整本书的材料收集、素材提供及校稿贡献了非常多的力量。另一位便是我的好朋友吴渊祥先生，他虽远在异国他乡，但不管工作多忙，仍然每天叮嘱及督促我完成写作任务，以至于我不敢有丝毫懈怠，终于如愿以偿完成本书。当然，生命中还有很多的贵人，比如，我在上海的合作伙伴伟业集团创始人王伟杰先生、上海震旦教育集团董事长张沈女士及姚狄康先生、福建正易集团董事长翁建伟先生、万丽集团董事长方丽女士、心新说创始人徐鹏昊先生、江西卫视《金牌调解》王俊楠先生及全国知名调解员胡剑云先生、雪悦芳华严韩雪女士、十木教育欧阳育峰先生及李丽珍女士、金牌TV创始人陈杰先生、艳丽一生创始人陈玲女士（排名不分先后，不再一一列举）……以及我最亲爱的家人、朋友、学生等。他们都是我的良师益友，支持及帮助我成长得更好，并给予我真诚温暖、力量及爱。有了他们的支持，我才有今天的进步，才有本书的出版。感恩，并深表谢意！

　　人生因爱而更加幸福、美好！

　　愿本书给孩子及您的家庭带来更多美好、温暖与爱！

巫　丫

2021年2月27日

卢晓星　女士

我的学生及"战友"

（本书重要的素材收集及整理者）

吴渊祥　先生

万里之外每日督促我完成写作目标的我一生中重要的好朋友，厦门向前家具有限公司总经理、温哥华 SHENLAN LOGISTICS 创始人

感谢巫丫老师站在履行社会责任的高度为我们详细解析了亲子教育中常见困扰的成因及化解的思路和方法。

当今社会，伴随着经济的快速发展、个体生存门槛的日趋降低，释放个性、强调个体认知、彰显个人价值成为人们内心深处的渴望，由此导致家庭不同成员在亲子教育上的分歧也日益增大，最终造成儿童群体中人格分裂的比重正以惊人的速度攀升。

家庭是亲子教育的主阵地，父母的素质和修养是亲子教育绕不过去的一个问题，不应当幻想完全依赖外部力量来完成亲子教育这个课题。无论站在哪个角度，从孩子身上都能看到父母的影子，父母唯有改变自己才能真正改变孩子。从这个意义上讲，亲子教育本质上就是父母的自我教育。如果家长们愿意按照本书所指引的方向去自我调整、自我提升、自我成长，则亲子教育问题势必会得到明显有效的改善。

亲子教育没有捷径可走！

福建正易集团董事长　翁建伟

笔者与智慧的长者、生活中的好大哥，厦门正易集团董事长翁建伟先生合影留念

认识巫丫，缘于巫丫九型。她对于"巫丫"的解释是"有巫术的丫头"，而我认为她的"巫术"应该是天赐神力般地将枯燥乏味的心理学理论研究活化运用于心理实战的"超能力"。这个丫头既是朋友，也是老师。她怀揣着一个宏大的事业理想，终年无休地给全国各地的学生授之以渔，日夜不分地给有需要的学员解惑解闷，解决家庭矛盾。今天，她出书了。真为她高兴。她的"巫术"可以传播给更多有需要的人，解决心理和行为的"疑难杂症"。

我认为这本书就是心理学的"《本草纲目》"。

上海震旦教育集团董事长　张沈

笔者与重情重义、优秀卓越的好知己，上海震旦教育集团董事长张沈女士合影留念

有一种惊奇叫作"巫丫"

在这个有趣的地球上,人类算是生命界的惊奇。在人群之中,还有一些令同伴惊奇的分子,增添了生活的色彩。对我来说,与他们中的一小部分相识,不仅让我惊喜,还不断增强我探寻生命意义的信心——徘徊在对中观世界似乎无所不知的量子时代,许多人已经无法回答"活着的意义是什么"这个非得通过体验才能明悟的问题。

巫丫老师是一个令我惊奇的人。初次见她是在《金牌调解》录制现场,印象中她有一双巨大无比的眼睛,并有着南方人耿直的口音。因为我曾经接触过九型人格,听她说要展开性格分析,所以注意了一下,之后便溜到外面去了。在节目间隙面对面吃盒饭时,由于两个人都是人来熟,便聊起了九型人格,我说自己一直被判定为五号,她说:"不,胡老师,你是六号。"

经过一段时间的怀疑,我现在已经确定了自己是六号。相比而言,之前我一直有点恍惚(即便总为"外星人特质"感到自足),而现在我被巫丫赋予了通透的感受。

后来，从情感到工作，从节目当事人到周边共同的熟人，几乎所有来自巫丫的分析都能被我所确认的事实支持。我们对彼此打开了全部的记忆仓库，在有限的时间里进行了有效的梳理，这就是"通透"的来由。

我记得有问过巫丫："你怎么能把九型人格做到这个效果！"她的回答是："我自己琢磨出来的。"其实，我的问题的潜台词是："你让我感到惊奇。"

负责任地说，我感到惊奇不是因为她讲话的洋洋洒洒，这个本事在各地星级宾馆的大会议厅已经随处可见。我惊奇的是，在我和她有交集的工作实践中，她的分析目前都得到了实际验证。

所以，我的生活更有趣了。

巫丫是个耿直的人，可能因为自己的看见而提升音量，但她依然是一个值得交流的有料的专业人士。专业者，不一定要科班出身，而应当是有相当长时间的专注和被实践证明的专长。如果获得同行真诚的赏识和广泛的肯定，那就是专家了。

在我这个外行人眼中，自有而始，九型人格是一项非常特别的工具——在科技手段还远未能扫描人心的新旧时代，它都在试图用经验描述的方式总结人类性格的秘密，以此弥补教育、交际和自我发现在逻辑起点上的缺陷。许多事实表明，九型人格的有益成果完全能帮助人们建立起至关重要的新认知，以此消除困惑和痛苦，并由此支持它在更多的领域展开行动。

既然如此，在这个领域内，每一个人的每一次努力和每一寸进步，只要是真实和善意的，都值得我们尊重和赞叹。

在与巫丫的交流中，我心生尊重和赞叹，并乐意分享给更多的朋友。她的天赋和热情，必能改善许多人的生活。今天这本书的出版，将加快这个进程。

江西卫视《金牌调解》著名调解员　胡剑云

笔者与才华横溢、睿智风趣的良师益友，江西卫视《金牌调解》著名调解员胡剑云先生合影留念

目录 MULU

一、孩子沉迷于网络游戏怎么办？ ……………………………1
二、如何预防孩子早恋？ ………………………………………3
三、孩子写作业拖拉怎么办？ …………………………………6
四、孩子注意力不集中怎么办？ ………………………………9
五、孩子不合群、不爱与人交往怎么办？ …………………13
六、孩子厌学怎么办？ …………………………………………16
七、孩子爱撒谎怎么办？ ………………………………………19
八、如何跟叛逆期的孩子有效沟通？ …………………………22
九、孩子没耐心怎么办？ ………………………………………26
十、孩子爱和别人打架怎么办？ ………………………………29
十一、孩子爱顶嘴怎么办？ ……………………………………32
十二、孩子爱逃课怎么办？ ……………………………………35
十三、孩子离家出走怎么办？ …………………………………37
十四、孩子懒惰怎么办？ ………………………………………42
十五、孩子沉迷于手机怎么办？ ………………………………45
十六、孩子缺乏自律怎么办？ …………………………………48
十七、孩子爱攀比怎么办？ ……………………………………52
十八、孩子缺乏主见（盲目跟风）怎么办？ …………………55

十九、孩子驼背怎么办？···57
二十、孩子胆小自卑怎么办？···59
二十一、孩子丢三落四怎么办？······································62
二十二、孩子抗挫力弱怎么办？······································64
二十三、孩子不会化解自己的负面情绪怎么办？···············68
二十四、如何提高孩子管理情绪的能力？························70
二十五、如何提高孩子的幸福感？··································73
二十六、孩子性格偏执怎么办？······································75
二十七、孩子花钱大手大脚怎么办？·······························79
二十八、孩子遇事手忙脚乱怎么办？·······························82
二十九、孩子心胸狭隘怎么办？······································85
三十、孩子没有特长怎么办？···88
三十一、孩子没有公德心怎么办？··································90
三十二、孩子任性怎么办？··92
三十三、孩子对人冷漠怎么办？······································95
三十四、孩子做事总是虎头蛇尾怎么办？························97
三十五、孩子不主动和家长沟通怎么办？························99
三十六、孩子盲目追星怎么办？····································102
三十七、孩子陷于虚假勤奋怎么办？·····························105

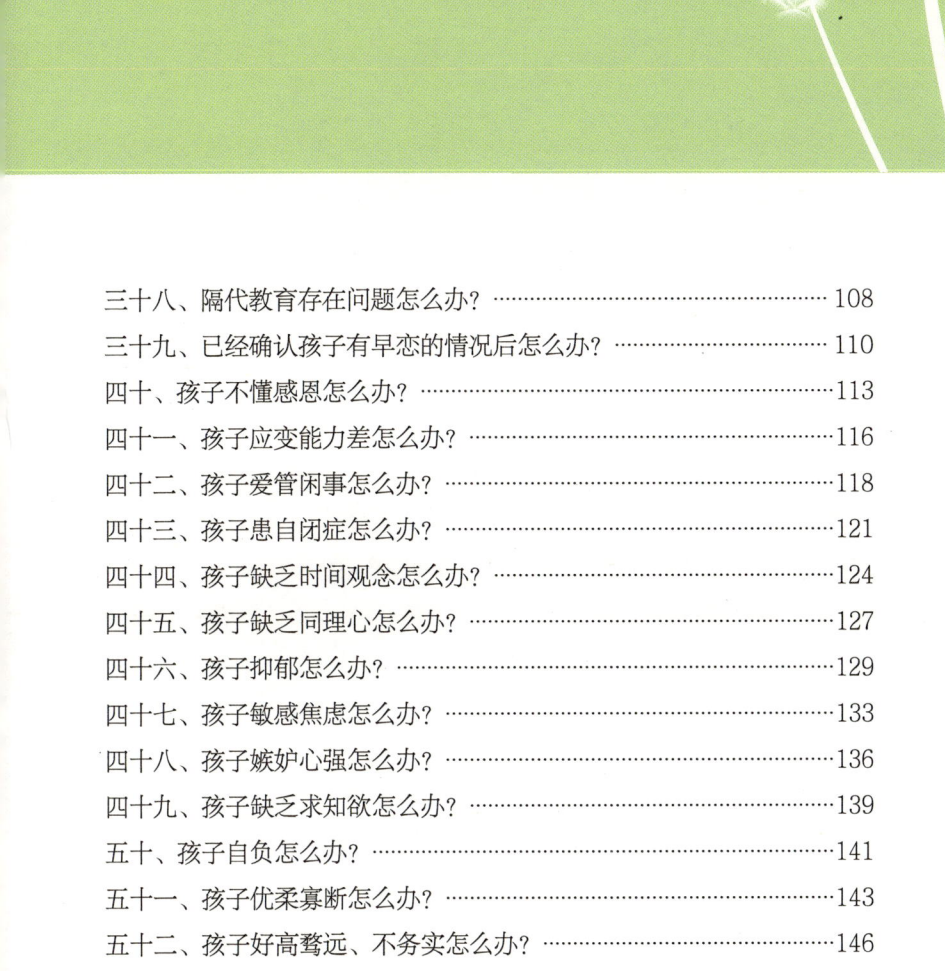

三十八、隔代教育存在问题怎么办? ……………………… 108
三十九、已经确认孩子有早恋的情况后怎么办? ………… 110
四十、孩子不懂感恩怎么办? ………………………………… 113
四十一、孩子应变能力差怎么办? …………………………… 116
四十二、孩子爱管闲事怎么办? ……………………………… 118
四十三、孩子患自闭症怎么办? ……………………………… 121
四十四、孩子缺乏时间观念怎么办? ………………………… 124
四十五、孩子缺乏同理心怎么办? …………………………… 127
四十六、孩子抑郁怎么办? …………………………………… 129
四十七、孩子敏感焦虑怎么办? ……………………………… 133
四十八、孩子嫉妒心强怎么办? ……………………………… 136
四十九、孩子缺乏求知欲怎么办? …………………………… 139
五十、孩子自负怎么办? ……………………………………… 141
五十一、孩子优柔寡断怎么办? ……………………………… 143
五十二、孩子好高骛远、不务实怎么办? …………………… 146
五十三、孩子自私自利怎么办? ……………………………… 149
五十四、孩子言行举止低俗怎么办? ………………………… 151
五十五、在与人交往中,孩子不懂谦让怎么办? …………… 154
五十六、孩子做事毫无条理怎么办? ………………………… 156

五十七、孩子不守信用怎么办？……………………………159
五十八、孩子喜欢背地里论人长短、搬弄是非怎么办？……………162
五十九、孩子占有欲或控制欲太强怎么办？……………………164
六十、孩子疑心太重怎么办？……………………………166
附录一　巫丫九型，到底是什么？……………………………169
附录二　巫丫九型人格测试……………………………182
附录三　巫丫九型人格各类型孩子的性格特征及家庭教育的
　　　　核心教育方法……………………………………201

一　孩子沉迷于网络游戏怎么办？

> 巫丫九型
> 答疑解惑

原因分析

孩子喜欢玩游戏，是因为可以从游戏中获得很多奖励和成就感。而在现实生活中，很多家长批评孩子是常态，却很少鼓励孩子，让孩子在现实生活中缺少存在感。为什么孩子会如此沉迷于游戏呢？就是因为游戏中的互动感、打怪升级的成就感让孩子感受到快乐，没有压力。在学习上，为什么孩子就不痴迷呢？那么如何正确引导孩子呢？

孩子一旦迷恋网络游戏，普遍都不愿意学习，一提到写作业就拖拖拉拉。家长以为恐吓和发脾气可以让孩子有所改善，殊不知问题会越来越严重。

解决方案

Ⓐ 家长与孩子共同制定规则，通过规则对孩子进行约束及激励。当孩子自己遵守了规则并达成目标，家长要学会给予奖励。这就跟游戏规则一样，让孩子看到期望，孩子才会有动力达成目标。

Ⓑ 玩游戏还与社交因素有关，一起玩游戏包含一种集体归属感。家长要学会帮助孩子加入集体，多参加团体互动，帮助孩子打开视野。当现实中有更多的团队互动时，孩子就不会完全地为游戏所控制。

Ⓒ 建议家长多给孩子提供一些游戏之外的好玩的东西，给予孩子更多的陪伴。亲子关系最好的处理方法就是陪伴，可以陪孩子出去旅游，参观博物馆、动物园等，让孩子的生活更加丰富充实。

Ⓓ 了解孩子的性格优势，根据孩子的性格优势去选择一些兴趣班及特长班。在自己所擅长的领域里，孩子容易找到自信。当孩子对现实世界及自己有更多信心的时候，孩子就更容易从游戏中脱离出来。

二　如何预防孩子早恋？

巫丫九型答疑解惑

原因分析

（1）环境因素：受某些影视或书刊的影响，孩子出现早熟、性兴奋和性萌芽。

（2）情感因素：部分也与孤独、空虚、心理上缺乏支持有关。对于早恋的孩子，由于其情感处于主导地位（陷入早恋之中的少男少女因相互吸引、相互爱慕、相互支持，其情绪是欢愉的，情感是纯真的），因此通常缺乏理智。

（3）外部"催化剂"：很难指向一个固定的异性对象；对某一异性对象的爱慕或倾倒是非理性的。

（4）第二性征发育成熟，生理变化引发心理变化。

（5）对学校学习缺乏兴趣，转移精力。

（6）性格因素：有两种性格的孩子相对容易出现早恋行为，如巫丫九型人格中的四号自我型与七号自由型。四号型由于内心的缺失感，青春期很容易关注异性并希望得到异性的保护；七号型追求自由、刺激和快乐，学校与家长越是反对的东西，他们越容易被吸引，从而出现早恋行为。

如果孩子早恋（更多是男女同学之间的好感），那么学习上就不积极，上课无法集中注意力听老师讲课，或者经常迟到早退，跑出去"约会"。如果没有得到及时正确的引导，孩子就会浪费大好的学习时光，甚至过早出现性行为或其他一些无法控制的结果。遇到这样的情况，家长要明白围堵不如疏通的道理。

解决方案

Ⓐ 家长要时刻关注孩子的情绪变化，及时对孩子进行必要的性教育，可以找一些讲解生理知识的书籍或者影像，与孩子共同学习，让孩子不必对自己身体的变化产生疑惑或恐慌，并与孩子分享一些自我保护的知识。要多和孩子沟通一些青少年情绪变化、生理变化的话题和孩子比较感兴趣的话题，目的是走进孩子的心里，建立起信任的情感联结，以开展下一步的引导。一定要多给孩子进行正确的教育，尤其是对孩子的性心理多一些正确的引导，让孩子了解到自己的生理及心理发育，只有这样才能够有效预防早恋问题。

Ⓑ 多给孩子一些包容，因为当孩子有早恋的想法和行为时，说明孩子已经长大了，生理和心理在快速走向成熟，所以千万不能过于紧张、过于焦虑，甚至采取批判、体罚等过激的处理方式。

Ⓒ 给孩子适当的空间，相信孩子会自己解决这些问题，同时根据孩子的性格优势，与孩子共同规划理想及未来，督促孩子努

力将自己主要的精力放到学习和生活上，一步一步朝梦想和美好的生活迈进，这才是最为关键的方法。另外，也可引导孩子将早恋想法与理想相结合，与孩子共同探讨及分析早恋与未来结合的利弊（扬长避短），激励孩子将早恋的想法变成一种学习的动力，而不只是沉迷在一种臆想中。

孩子写作业拖拉怎么办？

三

**巫丫九型
答疑解惑**

原因分析

（1）任务意识不强。孩子对老师或家长布置的作业没有任务意识，以为是为了老师或家长而写作业，若老师或家长的指令没有威慑力，则没完成作业，后果也不会很严重。

（2）学习兴趣不高，能拖就拖，畏难退缩。遇到不会的题就停下，走神或者等待家长帮助解决，久而久之就养成有问题找家长，不愿意独立思考的毛病。

（3）课堂听讲的效果不佳，做作业时不知从何下手。

（4）习惯性注意力分散，效率低下。

（5）写作业的环境不佳，受环境干扰严重。例如，家里有太多嘈杂声——音乐声、电视声、麻将声，或者常常被家长的问话打断，如今天在学校表现如何，做了几道题，还有几道题，什么时候才完成等。

（6）孩子天生是慢性子或发散性思维（如巫丫九型人格中的

七号自由型或九号和平型），过多催促会增强孩子的逆反心理，效果更差。

（7）时间观念淡薄，时间管理能力差（如巫丫九型人格中的四号自我型、七号自由型或九号和平型）。

解决方案

让孩子改掉做作业磨蹭的习惯，需要从日常生活的点滴着手，使其养成良好的行为习惯。

Ⓐ 通过小游戏或者小竞赛来改善。家长可以在生活中设置一些小游戏或者比赛类的小活动来激发孩子的进取心和行动力。例如，散步时和孩子比赛谁走得快，早上起床后比赛谁先穿衣洗漱好，并适当给孩子一点奖励，这样可以提高他们动作的敏捷程度，帮助孩子慢慢克服动作迟缓的毛病。

Ⓑ 让孩子在规定时间内完成计划要做的事情。例如，在10分钟之内晒完衣服，出门之前将东西准备齐全，5分钟之后出门，等等。时间一到就停止，如果在规定时间之内完成，就适当鼓励或者奖励；如果没在规定时间内完成，那就根据孩子喜欢的事情来进行一次小惩戒，如孩子爱玩乐高，那么就相应减少玩乐高的时间。

Ⓒ 排除有可能干扰孩子做作业的外界因素。尽量避免家里有嘈杂的声音，书桌上只摆放写作业需要用到的书本和文具，另外，要求孩子将喝水、去洗手间等与作业无关的事情都做好再开始写作业，避免中途因为口渴等因素破坏写作业的专注力。

D 让孩子知道写作业是他学习的责任。要让孩子知道写作业是为了巩固学过的知识，以及获得更多的知识，而不是为了应付家长和老师。要端正写作业的态度，像对待正规的考试一样严肃对待作业。每次作业完成后，先让孩子自己检查有无遗漏项。家长也要经常检查，这样是为了更好地了解孩子学习的情况和适当地给孩子施加压力，让孩子知道作业需要认真对待。在培养孩子良好习惯的过程中，要多表扬他做得好的方面，切不可一味指责。

E 家长在生活上以身作则。家长要在日常生活的细节中看自己是否有拖延、磨蹭的行为，如果自己平时做事情也爱磨蹭，就会潜移默化地影响孩子。

F 对待不同性格的孩子采取不同的教育方法。例如，对待四号自我型孩子，要把写作业与目标和梦想串联起来，让孩子明白，每次主动完成作业，都距离自己的梦想更近了一步，从而激发孩子主动完成作业的内在动力。

四　孩子注意力不集中怎么办？

巫丫九型
答疑解惑

原因分析

（1）外界刺激的干扰。孩子以无意注意为主，一切新奇多变的事物都能吸引他们，从而干扰他们正在进行的活动。例如，环境的色彩、音响、移动的人和车辆等都可能分散孩子的注意力。一个好的环境必然对孩子的成长有非常大的影响，要是孩子经常在嘈杂的环境下生活，会让孩子常常处于莫名的兴奋状态，无法集中注意力。当然，太过于封闭或者太过于安静对孩子也不好，时间长了会造成孩子自闭。"静如处子，动如脱兔"，家长要把握好给孩子动和静的尺度，这样，孩子的性格才更为健全。

（2）孩子对某些事物不感兴趣。成人要求孩子所做的事过难则会使孩子产生畏难情绪，过易则不能吸引孩子，这都不利于孩子集中注意力。只有当新内容与孩子的知识经验之间存在着中等程度的差异时，才最容易引起和维持孩子的注意。

（3）孩子身体疲劳。大脑虽然体积小，但耗氧量大，并且有自我保护机制。如果身体血液循环很慢,那么能够供给大脑的氧气量就会降低,这个时候人会容易感到困乏。例如,久坐会引起脚部和臀部的不舒服。因为处于静态的那部分身体血液循环会慢下来,而动着的肢体血液循环比较快,这时候大脑的自我保护机制就启动,为了避免周身血液循环滞缓引起缺氧,一些人会不自觉地抖腿。在太过疲劳及脑部缺氧的情况下,孩子的注意力很难集中。

(4)由于家庭的教育方式不当,对孩子过分娇宠和纵容,缺少行为规范,因此容易使孩子养成不断转换注意力的习惯。例如,家长给孩子买太多玩具,使孩子在玩一样玩具的同时还惦记着另一样,无法静下心来;家长经常强迫孩子做不感兴趣或者超过能力范围的事情,孩子也会通过不断变换活动来回避问题,逃避责骂;有的家长总是一次性给孩子提出多个要求或者有意无意地干预孩子的活动,这也容易使孩子的注意力难以集中。

解决方案

A 在孩子做一件他喜欢的事情时,家长尽量不要去打扰,除非他自己找家长。因为孩子在做事情时要按自己的意愿完成,如果家长贸然去打扰,无形中会打断孩子的进程和扰乱他的专注力,久而久之会破坏孩子的定性,从而使孩子再做事情时会有可能被打断的心理暗示,渐渐导致注意力不集中。

B 找一些孩子感兴趣的小游戏,如数独、拼图等,如果玩得好,就给孩子一些奖励,以此有意识地训练孩子的注意力。

C 对发散性思维的孩子（如巫丫九型人格中的四号自我型、七号自由型），要善于营造一个有利于集中注意力的家庭学习环境。在孩子的书桌上，只能放有书本等相应的学习用品，不可摆放玩具、食品，并且文具要简洁。孩子们都喜欢颜色鲜艳、图案精美、功能多样的铅笔盒，但功能应该越简单越好，铅笔和橡皮也要造型简单，功能单一，避免孩子把它们当作玩具来玩。孩子的书房要收拾得简洁明快，幼年的玩具要收起来，不要放在显眼的地方。孩子学习的时候，不能有电视、电话等声音干扰。家长也要尽可能不在孩子学习时进进出出，大声干扰。此外，柔和适度的室内光线有助于孩子集中注意力，为孩子创设安静的环境。

D 不要买过多的玩具和书籍。在日常生活中，我们经常看到这样的情形，家长给孩子买了很多的玩具和书籍，可是孩子往往是这本书翻两页，那本书翻两页，玩具也是，一会儿玩这个，一会儿玩那个。其实太多的书籍和玩具意味着太多的选择，而太多的选择只会让孩子注意力涣散。

E 让孩子一次只做一件事情。人的注意力资源是有限的，分配在性质不同的多个事情上面，会严重影响注意力的有效性，尤其是孩子的注意力正在发展过程中，同时进行多件事情会损害注意力的有效集中。所以，当孩子玩玩具的时候，要关掉电视机；做作业的时候，最好不放音乐，如果要放，可以选择轻音乐，否则会干扰孩子的注意力。

F 家长可以和孩子一起玩训练"自我约束力"的游戏，并把这样的方式贯彻到孩子的生活中。可以有意识地设置一些情境，帮助孩子增强多刺激下的自我约束能力，遵循循序渐进的过程。

G 给孩子买一些关于智力训练的书,每天坚持做练习。可以让孩子看一些锻炼观察力、注意力、记忆力的图文,如走迷宫,在一大堆图中找某样东西,找错误,找异同(同中找异,异中找同),比大小、长短,等等。一开始时间不可过长,但往后可延长练习时间,且一定要每天坚持练习。当孩子每次做到后,要根据结果给予精神或物质奖励,激励孩子提升注意力与持续力。

H 采用盯点法或舒尔特训练法。采用盯点法可以随时训练,如在教室和家里,每天盯着某个点或物体看上几分钟。还可以采用舒尔特训练法,这个方法是世界上最专业、最普及、最简单的训练法之一。

五 孩子不合群、不爱与人交往怎么办?

巫丫九型
答疑解惑

原因分析

孩子不合群、不爱与他人交往的个性将会妨碍他今后在事业上的成功。即使有的孩子有聪明才智和一技之长,也会因不善于处理人际关系而在人生道路上遇到困难。如果孩子总是表现出不愿意探索,对什么事情都畏畏缩缩的行为,那么首先要找出引发孩子产生这些行为的内在原因。

一般有以下三种原因。

(1)心理阴影。不少家长在孩子成长的过程中说过这样的话语,比如:不要到处乱跑,小心捡垃圾的把你骗走;再不听话就把你送给坏人。这些"大灰狼"式的话语无形中会给孩子造成一定的心理压力,孩子会认为外面的世界很黑暗,坏人很多,自然就产生逃避或防备的心理,如巫丫九型人格中六号疑惑型(正六)性格的孩子在这种"恐吓"下,就很容易内心缺乏安全感,行为胆怯,不敢与人交往。也有一些具备丰富想象力的孩子,如巫丫九型人格中四号自我型性格的孩子，听过一些可怕的故事，或者看过一些可怕的影片，产生强大的负面联想，从而在人际交往时心生恐惧，拒绝与人交往。

（2）有些家长因自身的性格而过于关注细节或过于付出及过度保护孩子，如巫丫九型人格中的一号完美型、二号助人型、六号疑惑型。这些家长要么对孩子的细节要求过多，要么对孩子保护过度，捧在手上怕摔了，含在嘴里怕化了，日常生活中什么事情都不让孩子接触。例如，孩子要碰一下扫把，家长就说："小心扎着你，多脏啊，快放下"；孩子想洗一下碗，家长就嚷嚷："别动，会摔烂的。"这种种的小细节使孩子没有在尝试和实践中得到经验，从而变得胆小。当孩子逐渐长大了，也还是照样被保护着，正是这种保护伞导致了孩子的胆小。

（3）日常生活中缺少玩伴。有些孩子除了跟家长一起外，很少与同龄的小朋友交往，这样就使孩子的交往能力得不到锻炼，慢慢地就使孩子怕见到陌生人，怕在众人面前说话。

解决方案

A 对于性格胆怯的孩子，可鼓励他多尝试新的活动。在提示风险所在的同时要消除孩子的后顾之忧，让孩子放心大胆地去实践。例如，布置一份手抄报作业，强调只需要体现主题和创意，做错或者做得不满意可以再来，因为无非是耗时间和纸张，并没有大不了的事情。

B 家长要相信自己的孩子，在确保孩子人身安全的前提下，尽可能地让孩子学会独立。家长自身必须有这个意识，并且也需要不断学习和成长。家长必须明白：自己保护不了孩子一辈子，终究得让孩子独自面对人生道路上的很多问题。适当放手，是对孩子的信任和历练。只有适当放手，才能让孩子更茁壮地成长。

Ⓒ 培养孩子的口才和应变能力，从而帮助孩子建立人际交往的自信。例如，家长可带孩子经常去孩子多的场合，去之前让孩子多带几样好玩的或者好吃的东西，并由他自主决定与其他孩子分享，这样就能让别的孩子喜欢或主动跟孩子玩。鼓励孩子跟年龄相仿的同学或者邻居小伙伴玩，家长可邀请孩子的朋友来自己家做客。当孩子们发生争执时，要鼓励孩子自己想办法和平解决。要有意训练孩子的应变能力和口头表达能力，提升幽默感。因为同是一个意思，采用不同的语气、语速、音调和文字组合，对方听了会有不同的感受。在语言沟通方面，家长可以给孩子一个良好的示范。

Ⓓ 鼓励孩子参加团队运动，如打篮球、踢足球等需要团队配合及协作才能完成的体育项目，这样孩子自然会融入团队中，从而提升人际交往能力。

孩子厌学怎么办? | 六

巫丫九型答疑解惑

原因分析

(1) 不知道如何从枯燥的学习中获得乐趣,没有成就感。

(2) 家长给孩子施加的压力大。尤其是青春期的孩子,由于神经和内分泌的作用,他们警觉性很强,害怕学校成为一种转移压力的防御机制。而且在三观形成的关键期,追求快乐、逃避痛苦的天性,让他们更容易被外界一些及时行乐的消极观念带偏。

(3) 没有树立人生理想。不知道为什么要学习,学习的目标不明确,没有掌握学习方法,虽然感觉努力了却收效甚微,缺乏学习的内在动力。

(4) 不喜欢老师或不被老师关注。一些性格的学生因为不喜欢老师或不被老师关注而产生厌学行为。例如,巫丫九型人格中的二号助人型、四号自我型、七号自由型等。

解决方案

A 与孩子共同学习，家长在学习中的定位是引起孩子对学习的兴趣，而不是代劳。比如历史科目，可以收集一些与教材相关的史实，给予故事性强的讲解，也可插科打诨，抛砖引玉，让孩子触类旁通，关联记忆，提高兴趣，从而对自主学习有所助益。孩子能够自主学习，才会提高考试分数，获得成就感。另外，家长对孩子的小进步要给予及时的肯定和鼓励。

B 对于青春期的孩子，家长需要转换一下观念和角色，因为孩子已经长大，并已经有更强的自我意识，有些事情强迫他去做，会得到适得其反的效果。例如，你叫他往东他偏往西，叫他遛狗他偏杀鸡，出现纯粹为了反对而反对的言行。这个时候家长需要做的是有意地培养孩子正确的三观，带孩子进行他喜欢的某一项活动，消耗青春期过剩的精力和体力，如尽量抽出时间陪他外出旅游，在家陪他观看一些有趣的人文地理、历史趣闻等纪录片，增长见识，开阔视野，拓宽格局。能静下心学习的，就踏实学习，不能静下心的，就用这些方式消耗他多余的体力和精力，让一些不正确的世界观、价值观、人生观无机可乘。

C 带孩子多见世面。例如，带孩子去一些发达的地区，让他亲身感受一下那种先进、繁华、便利的社会氛围；带他去著名的高校，感受那种大学生生活和学习的氛围；再去一些经济发展比较滞后的地区；还可以带他了解一些人的学历、职业、收入和生活情况。然后，和孩子交流一下见识过后的感受，进而帮助孩子树立理想，明确学习目标。注意家长是帮助，而不是替孩子制定目标。有了理想和目标，孩子才有上进的内驱动力。在执行过程中，应给孩子提供一些必要的帮助和积极的监督，通过约束培养孩子的自律能力。

Ⓓ 对待因不喜欢老师或没被老师关注而产生厌学心理的孩子，要帮助孩子认清学习不是为老师而学习，而是为自己的目标与梦想而学习。同时，家长也可寻找及创造合适的机会，让孩子与老师有更多的接触，了解老师，从而让孩子理解及喜欢老师。

七　孩子爱撒谎怎么办？

巫丫九型
答疑解惑

原因分析

6岁之前的孩子，因为认知面狭窄，大部分的撒谎属于无意的，而6岁后的孩子如果撒谎，多半是有意的。说谎是孩子成长发育的一部分，与意志和品质无关。虽然6岁后孩子说谎的动机不同，但至少证明他们具备了察言观色和自我控制的能力。察言观色体现在他懂得在什么情况下才可以对家长撒谎，自我控制体现在控制他自己的语言和态度，以及控制自己的肢体语言，从而可以隐瞒不当的行为以期达到家长的要求。这就说明孩子的心理发育已经踏上一个新的里程。而剥开表面深究孩子撒谎的原因，其实都与家庭教育有关系。

（1）家长对孩子期望过高，对孩子第一次的错误行为反应过大，甚至情绪失控，进行责骂或严厉的体罚。孩子脆弱敏感的心还不足以承受，恐惧被惩罚而撒谎。

（2）孩子的某些物质欲望未被满足，又不知道未被满足的原因，这样孩子就有可能通过撒谎的方式达成购买目的。

（3）孩子喜欢被人关注，如巫丫九型人格中二号助人型、三号成就型、四号自我型、七号自由型、八号领袖型性格的孩子，都十分渴望得到周围人的关注。因此，孩子有可能会通过夸大其词来吸引别人的注意。

（4）想要快速达到某种目的。

（5）家长自身撒谎的示范作用。

解决方案

A 营造和谐民主的家庭氛围，让孩子敢于说实话。即使孩子做错了事情，只要诚实认错，就值得肯定。家长对诚实认错的孩子要提供改过自新的机会。

B 家长要为孩子树立诚实、踏实的榜样，这样孩子务实的概率就会更大，随之虚荣心就会减弱。如果孩子因为虚荣而夸大其词，家长应立即指出孩子撒谎的行为以及后果。为了更生动、更有趣地向孩子阐明撒谎行为的严重危害，可以跟孩子讲类似《烽火戏诸侯》和《狼来了》的故事，这能够让孩子更加生动、形象地理解撒谎的不良影响，从而杜绝撒谎的行为。

C 家长发现孩子撒谎时，要先控制好自己的情绪，然后留意孩子情绪和思想上的变化，确认孩子撒谎的原因和目的。有些孩子确实已经长大了，有更高的需要和更深刻的情感，内心世界可能会出现灵活的道德判断，从而可能出现撒谎的行为。此时家长应该积极地跟孩子沟通、交流，寻找原因，积极解决背后的矛盾。

要适当地关注孩子的内心世界，鼓励孩子做脚踏实地的人，让孩子知道为了博取关注而夸夸其谈，会失去周围人的信任和支持，自己也会因为过度追求关注而迷失自我。

D 在孩子第一次犯错的时候，如果家长的反应过于激烈，之后孩子就会自然地隐瞒真相，因为隐瞒成功就不会被责罚。虽然隐瞒失败必定要被责罚，但孩子是何等聪明，知道隐瞒而不被责罚的胜算有一半，所以他们会更倾向于隐瞒真实情况。家长应该转换一下角度，鼓励孩子诚实地承认错误，让孩子得到应有的尊重，否则，孩子就不会选择诚实。比如孩子私自拿了家长的钱去用，这本身或许不是多大的问题，但很多家长会升级到偷窃这样严重的程度，甚至会责罚孩子。孩子在第一次诚实认错后得到的如果是惩罚，那孩子第二次就会选择撒谎，而一旦过关，就会将撒谎变成习惯。

E 若孩子撒谎是因为他的性格喜欢被人关注而故意夸大其词，那么家长需要与孩子针对"夸大其词"的行为进行一次认真而正式的沟通。家长要让孩子明白，被人关注是因为真正拥有吸引人的品质与优秀的能力，而非虚构事实；同时，也要让孩子明白不经意的撒谎所带来的负面影响，比如，从此失去他人的信任。

如何跟叛逆期的孩子有效沟通？

八

巫丫九型答疑解惑

我们先来看看"叛逆"一词在百度百科中的解释。

叛逆，乃离经叛道、忤逆的合并词汇。

一、坚定自我主张，有时不服从伦理道德。

二、从广泛群体和舆论中脱离大多数意志，不听从别人的看法，不愿受人指挥。

三、摆脱困境，化不可能为可能，靠自身脱颖而出。

四、追求个性，反对盲目崇拜，也不求别人欣赏。

原因分析

（1）有些家长的性格过于严厉，并且总是高高在上，对孩子进行指挥或命令，如巫丫九型人格中的一号完美型及八号领袖型等。因此，孩子会产生害怕接近的情绪，这种情绪会造成孩子出现拒绝沟通、刻意对抗、沉迷游戏或早恋等叛逆行为。

（2）6岁之前的小孩比较会以自我为中心，希望家长完全站在他的立场，只爱他一人。如果家长不了解孩子的内心，在语言及行为方面无法让孩子感受到爱与重视，孩子就会有意见，觉得家长不爱自己或者觉得家长偏心，从而心生抵触，产生语言及行为的叛逆。这种叛逆会随着孩子长大懂事而慢慢消失，但如果家长不能平等地爱孩子，如重男轻女或者宠爱某一人，就会给孩子带来一辈子的心理伤害，导致孩子一生不自信及缺乏安全感。

（3）有很多家长把大量的时间花在事业上，不停地赚钱，虽然为孩子提供了高质量的物质生活，但孩子不仅不感恩，还处处对抗家长，家长也觉得很伤心。其实，这与家长缺乏正确的教育理念及专业的家庭教育技能有关。一些家长虽然爱孩子，但不懂孩子。他们会自以为是地教育孩子，有的甚至直接延续自己都不认可的教育思想以及进行不健康性格的言传身教，并且毫无觉察。当孩子的思想慢慢独立，会与家长的教育思想产生严重冲突，但孩子无法改变家长，于是采取直接反抗或阳奉阴违的方式叛逆。如果不能及时有效地化解冲突，这种叛逆就会形成恶性循环，处理不好会导致厌学逃学、抱怨家长、离家出走甚至反目成仇。

（4）随着年龄的增长，孩子逐渐拥有自主意识，想拥有对自己行为及选择的掌控权。

解决方案

A 家长要从心底接纳孩子是一个独立的生命个体，维护好孩子的自尊。青春期的孩子在不少领域已经有了自己独立的思想或者主见，所以家长不能再把他们当作不懂事的小孩子，让他们完全服从自己的指令及安排，不允许反驳自己，必须听话等。如果心底不接纳及尊重孩子，只会导致沟通失败。只有放下架子，坦诚而开放地与孩子进行沟通，才能真正走入孩子的内心世界。

Ⓑ 多听听孩子的意见，给出建议而不是命令。和青春期的孩子沟通时，不要先入为主，急着把自己的想法说出来，可以先听听孩子的想法，然后给予补充，提出自己的建议，让孩子自己思考，这样做会更合理一些。

Ⓒ 建立彼此之间的信任。友好的沟通交流是建立在信任和尊重之上的，家长和青春期的孩子沟通时必须先建立信任感，让孩子信任自己。家长凡事要以身作则，说到做到，这样，在孩子面前才会有威信并赢得孩子的尊重。同时，家长还要懂得适当放手，相信孩子的能力，让孩子勇敢去尝试及挑战。

Ⓓ 多鼓励和肯定孩子，少提孩子的缺点和不足。青春期的孩子比较敏感，同时自尊心特别强，孩子过去犯的错误家长不要揪着不放，别有事没事就提起，孩子性格上的缺点也不要反复提及，否则会让孩子反感。家长应该多鼓励和肯定孩子，让孩子树立自信。孩子在被接纳和认可的前提下，才会更乐意与家长进行良好的沟通及分享。

Ⓔ 有底线和原则，不可无限制地宠爱孩子。在和孩子沟通的时候，对于有些事情，家长必须把握原则和底线。如果孩子犯错了，依然要指出批评，不要害怕孩子离家出走，或者让孩子完全掌握了自己的心思。不要不敢管教孩子，该讲道理还得讲，该严格管理还得严格管理，事情过后，孩子自己也会反思自我的，不

可过度顺从和宠爱,从而被孩子"驾驭"。

　　F 帮助孩子解惑,聊一聊青春期的话题。既然孩子处在青春期,那自然会遇到一些青春期的困惑,或者一些比较想弄清楚的问题。此时家长要主动聊一聊这方面的话题,帮助孩子解决心中的疑惑,这也可以避免孩子走很多弯路。

　　G 了解孩子的性格,对不同性格的孩子采用不同的沟通方式。孩子的性格不同,对世界的看法就不同。当我们了解孩子性格的时候,自然能理解孩子的所思所想,走入孩子内心也就轻而易举。同时,我们要根据孩子的性格采取正确的沟通方式。例如,对一号完美型孩子,说话要直接;对二号助人型孩子,沟通时要多尊重及表达爱意;对三号成就型孩子,要多欣赏与夸奖;等等。当孩子把家长当朋友及喜欢家长时,亲昵还来不及,哪还舍得去对抗呢?

孩子没耐心怎么办? | 九

> 巫丫九型
> 答疑解惑

原因分析

（1）家长溺爱孩子，平时对孩子的要求无论是否合理，都会即时满足。

（2）安排孩子做事时，太过注重结果，而忽视事情处理过程中的学习和体验。

（3）孩子的专注力不足。

（4）巫丫九型人格中一号完美型、三号成就型、四号自我型、七号自由型、八号领袖型性格的孩子相对缺乏耐心。具体来说，一号型孩子太过追求高效；三号型孩子往往急功近利；四号型孩子是理想主义者，容易对现实和自己不满；七号型孩子太爱玩乐；八号型孩子脾气暴躁。不同性格的孩子缺乏耐心的行为一致，但内在原因不同。只有了解孩子的性格，才能从根本上帮助孩子提升耐力。

解决方案

A 对孩子少一些溺爱。很多家长在孩子遇到困难或者做事不利索的时候就开始心疼，有些家长索性直接代替孩子处理这些困难。这种行为让孩子滋生一种依赖心理，而依赖感会导致一个人的浮躁。孩子如果平时太过依赖家长的帮助，一旦遇到困难而没有得到帮助就会立刻变得浮躁，从而缺乏耐心。所以要少点溺爱，让孩子在面对困难时自己想办法解决，培养其耐心。

B 给孩子多制造一些"困难"，提升孩子的逆商。比如在拼图的时候，给孩子提升一些难度，让他在游戏中慢慢克服种种困难，磨炼自己的意志力。孩子只有在困难的环境下不断去挑战和突破，才会变得越来越有耐心和毅力。

C 给孩子多一些鼓励。有些孩子会因为一次两次的打击而半途而废，开始抱怨游戏不好玩，抱怨自己对事情的处理不当。这时候家长就应该多给孩子一些鼓励，让孩子知道没有什么困难是解决不了的。这种鼓励是很有必要的，也是帮助孩子培养耐心的重要途径。

D 给孩子一些担当，让孩子学会承担责任。可以让孩子做一些家务活，如打扫卫生、收拾自己的房间等，而且一定要打扫得干干净净，东西要排放整齐。有些浮躁的孩子在打扫卫生时就是胡乱搞几下，这样是不对的。家长需要教育孩子做事情要一步一步，要有秩序。这样才可以从中慢慢培养他们的耐心，让他们知道只有耐心做事才能把事情做好。

E 让孩子学会等待。现在的生活节奏太快，孩子生活在高速发展的时代,已经形成了一种"马上就要"的心态,十分急躁,禁不起等待。比如上街买东西,孩子看中一件玩具,非要马上就买,这时候做家长的应该让孩子学会等待,利用等待的时间给孩子制造一点惊喜,让他体验等待过程中的乐趣。家长要让孩子明白,只有学会等待,才能得到他想要的。另外,不能用粗暴的语气去批判孩子,要慢慢让孩子从具体的事件中领悟。时间久了,也就培养了孩子的耐心。

十　孩子爱和别人打架怎么办？

巫丫九型答疑解惑

原因分析

（1）孩子在成长过程中耳濡目染暴力行为和现象，如家长争吵、打架，孩子被暴力对待，使得孩子的意识中被植入暴力倾向。巫丫九型人格中八号领袖型的孩子在原生家庭中往往经历过或接触过暴力行为，所以，不少八号领袖型孩子在遇到愤怒的事情时，很容易出现暴力行为。

（2）想通过暴力行为威慑他人。

（3）被家长无视，长期缺爱，通过暴力行为吸引他人关心。

解决方案

A 家长要给孩子充分的关爱，关心并科学地满足孩子成长中不断变化的心理诉求，让孩子感受到他在家长心中的重要性，感受到家长的爱。那些得到关心和爱护的孩子，心中都不会有戾气的。

B 家长应当观察和了解孩子在什么样的情况下会产生攻击行为，然后否定他的攻击性。比如，家长将孩子以抢的方式获得的玩具没收并物归原主，并告诉他这种做法为什么是错误的，以此减弱他采取攻击行为的内在动机（家长可以这样教育孩子：通常情况下，爱打人的孩子是很难得到老师、同学以及家长的关心和喜欢的。如果孩子内心是渴望被人关心和喜欢的，他就会相应地调整自己的行为）。当然，更多时候，家长要培养孩子内心的安全感，营造和谐的家庭氛围，或者经常带他去比较安静平和的地方，先让孩子心境平和，再教育孩子一些与人相处之道。

C 如果孩子的性格有攻击倾向（如一号完美型、反六疑惑型及八号领袖型），家长可适当让孩子参与一些安静、平和的游戏或活动，如教孩子下棋，教孩子练毛笔字，或学习古琴、古筝等古乐器。只要孩子在这些领域取得进步就及时并适度地肯定、赞赏，这样孩子慢慢就会转移兴趣，从而逐渐养成平和的性格。

D 如果孩子是由于挫折而产生攻击行为，则应帮助孩子减少挫折感。这就要求家长降低对孩子的期望值，接纳孩子是个"不完美"的小孩子；同时从心底赏识及认可孩子，帮助孩子提高自信及逆商。

E 帮助孩子建立良好的行为模式。家长应以身作则展示自己和家人、邻居、友人、同事的和谐关系，告诉孩子：人属于群体动物，群体相处更需要的是协作而不是敌意与伤害，比如要让别人服你，动手动脚并不是最好的方法，如果你聪明、友好、团结，同样也可以让其他小伙伴服你。

上述方法在使用过程中要注意，如果孩子的攻击行为逐渐减少，则一定要给孩子鼓励，增加孩子的信心。当然，如果孩子百般劝说也无效，家长就应对他进行处罚，但肉体的处罚尽量少用，可采用其他方式，如取消购买孩子心仪的玩具，让孩子一个人静坐思过等。

孩子爱顶嘴怎么办？ 十一

巫丫九型答疑解惑

原因分析

（1）家长对孩子不够信任，唠叨或抱怨过多，孩子心生厌烦，通过顶嘴提醒家长。

（2）孩子通过顶嘴的方式排解心理压力。

（3）孩子开始有主见，不再盲目服从家长，而是试图勇敢地表达自己的真实想法。

（4）孩子做错事后，出于自尊心拒绝认错，或者害怕被责罚而逃避责任。

（5）孩子在胡搅蛮缠，耍性子。

解决方案

A 对于孩子爱顶嘴，家长不能急着给孩子下一个"变坏"的结论。其实，孩子爱顶嘴未必是坏事。有些孩子顶嘴是性格有自主意识的表现（如巫丫九型人格中的四号自我型、七号自由型、八号领袖型等），这样的孩子长大后通常比较自信，不会盲从，甚至对一些不良诱惑能做出自主判断。孩子在成长的过程中如果有一个比较和谐民主的家庭环境，那么孩子的性格会比较自信而阳光。家长如果平时多鼓励孩子在家里主动表达自己的观点，给孩子申辩的机会，培养他们敢想敢说的好习惯，那么会让他们在明白事理的同时锻炼口才。如果有机会正常表达自己的看法及真实意见，那么自然不会再刻意顶撞家长。所以家长要结合实际的情况来判断孩子顶嘴的真相，然后采取应对之策。

B 当孩子的能力有所增加，希望自己对环境有所影响时，就会急于向家长表示"我能行，不用替我安排！"如果孩子顶嘴是因为这个原因，家长就要把孩子当作成年人一样，用商量的语气代替居高临下的命令，但仍然要将孩子的想法和做法引向积极的方面。

C 家长教育孩子时需要以身作则，不能采用双重标准。例如，如果要求孩子不能长时间玩手机，则家长在孩子面前也不要有长时间玩手机的表现。如果家长本身存在这样的缺点或做法，在教育孩子的时候就很难得到孩子的尊重及认可，容易遭到孩子的对抗和顶撞。

D 有时，孩子顶嘴是一种反抗方式，测试家长的耐心和底线，想知道家长对他的顶撞和反抗会有什么反应，以便掌控家长或者达成自己的目的。在危险和有悖原则的事情上，家长必须体现出作为家长的权威性，要求孩子服从或修正行为，不允许顶嘴和反抗。在其他非原则的事情上，则可以适当放宽一些，让孩子能够按照自己的意愿来做。

E 如果家长的性格比较强势（如一号完美型及八号领袖型家长），那么孩子在家庭中会处在比较弱势的地位，孩子的应变能力和独立思考能力就得不到锻炼。孩子幼小的时候，可能会逼迫自己必须服从家长，可孩子一旦进入青春期，对待强势型家长，要么通过沉默或玩游戏的方式以示对抗，要么直接顶嘴，表示不再屈从家长。所以，更多时候，我们呼吁家长在家庭教育中不要以适合自己性格的方式来对待孩子，而是探索及了解孩子的性格，真正懂孩子，用适合孩子性格的方式来因材施教，这才是家庭教育的关键所在。

F 孩子顶嘴可能是在索求关注。家长切勿太过忽略孩子，要多一些有质量的陪伴，这样孩子就会认为自己被家长重视。那么在家长暂时离开时，他也不会情感失落而用顶嘴的方式来获得注意和关心。

G 如果孩子顶嘴真的只是在耍性子，胡搅蛮缠，那么家长就应视情况，在不会对环境、他人和自身造成影响的前提下，让孩子承担任性顶嘴、独断专行带来的后果。家长要让孩子在碰壁的结果中认识到自己的错误，在反思中减轻逆反心理，矫正自己的行为。

十二　孩子爱逃课怎么办？

> 巫丫九型
> 答疑解惑

原因分析

（1）对上课不感兴趣，认为学习不重要或没有意义。

（2）讨厌学校枯燥的生活或痛恨学习上的各种约束。

（3）家长纵容。

（4）由于孩子生理和心理发育不成熟，学校和家长又给予过大的学习压力，因而导致和家长不能有效沟通，把各方面的困难压抑在自己心里，于是把逃课当成解压的方式。

解决方案

A 对孩子进行经济上的约束。孩子喜欢逃课，一般是还有资金去玩，如果限制了资金，自然而然孩子就会很少逃课。

B 帮助孩子树立未来的理想，明确学习的重要性。要培养孩子学习的乐趣，若没有学习乐趣，孩子自然会逃课。如果家长随时都在学新知识，保持高度的好奇心，孩子便会加以模仿，对新知识也产生兴趣。或者，家长可以采用一些寓教于乐的方法，与孩子共同学习。

Ⓒ 改变教育方式。如果填鸭式的教育让孩子乏味，那就适当换个教育方式，也许会让孩子其乐无穷。例如，带孩子旅行，或为孩子提供丰富多彩的学习环境，让孩子多接触不同的玩具、事物、朋友。在生活中，让孩子多看、多听、多动、多问、多说。把生活中一些兴趣爱好或实际遇到的问题、困难，与课程学习的内容连接起来，从而帮助孩子重视学习及培养孩子主动学习的兴趣。

Ⓓ 家校互动。家校互动能解决孩子日常遇到的一些难题，也能有针对性地对孩子逃课的具体原因做出分析。家长们可从以下几方面来培养孩子学习的自信心：首先，不要让孩子学习超过他能力太多的事，给孩子多一点成功的机会；其次，给孩子充分的时间学习和练习，不要嫌他慢，要让他有机会重复练习；最后，多鼓励、多支持、多陪伴、多关心，少干预、少责骂、少代劳，并多包容孩子幼稚的表现和想法。如此，才能使孩子更有自信，更有学习的动力。

Ⓔ 让孩子的好朋友帮忙劝导孩子。孩子的朋友劝导，会让孩子的思维有所改变，往往比家长亲自劝导要管用许多。

十三　孩子离家出走怎么办？

巫丫九型
答疑解惑

原因分析

（1）孩子承受力差。孩子离家出走，有时候是因为孩子自身承受力差。这样的孩子平时缺乏自我反省的能力和习惯，一旦遇到问题，就认为是家长的问题，是别人的问题，从而不够冷静理智，容易走极端，以离家出走的方式逃避问题或者以示对抗。对于这类孩子，家长要特别重视。平时在家庭教育中，当孩子遇到问题或困难时，要教孩子学会勇敢面对，并从自己身上进行反思及总结：自身哪里出了问题？该如何纠正及提升？该采取什么行动进行解决？只有凡事从自己身上找原因，帮助孩子由内而外地修正及提升自己，孩子才会变得越来越强大。

（2）孩子被欲望驱使。孩子离家出走，有时候是因为孩子对某件事情太过沉迷，如上网、打游戏等。当家长和老师管教比较严格时，他会感觉被束缚了，欲望不能得到满足，于是以离家出走的方式来逃避家长和老师的管束，尽情满足自己的欲望。这样的孩子在引导的时候,要想办法转移他的注意力,找到一件更加吸引他,又对他的身心成长比较有益的事,然后陪伴、督导他融入其中,远离不良欲望。

(3)孩子不会为他人着想。离家出走的孩子大多都不会替他人着想,甚至会用这种方式来报复家长。孩子这样很多都是因为家中长辈太过宠爱。所以孩子的家长要意识到这一点,逐步改变自己的观念,改变对孩子的教育方式,让孩子有担当,有感恩心,学会体谅他人的用心。可以说,培养孩子的移情能力及同理心至关重要。

(4)孩子交到了不良朋友。孩子离家出走,有时候是因为交到了不良朋友。所以家长平时要对孩子交往的朋友有所了解,一旦发现和有不良习气的孩子交往,就要巧妙地提醒孩子。家长不但要教孩子怎样辨别良友,还要教孩子怎样远离不良朋友。

(5)家长太专制。孩子离家出走,除了孩子的原因外,很大程度上问题是出在家长身上的。比如家长的教育方式太专制,平时很少甚至根本就不会顾及孩子的想法、兴趣爱好等。在这样的家庭教育下,孩子要么会变得懦弱,要么会变得非常暴躁、强硬,但两种孩子都有可能因实在受不了家长的专制而离家出走。这种家长必须进行家庭教育及性格心理学的专业学习,拥有正确的教育理念,真正了解孩子的内心需求及渴望。只有家长尽快进行自我提升及改变,孩子才会有所改变。

(6)孩子缺少关爱。有的家长一心忙于工作,对孩子很少关注,或者只是关注孩子的吃穿用度、学习成绩等表面问题,而忽略了孩子的精神世界、心灵成长,很少或基本不跟孩子有这方面的沟通交流，导致孩子内心比较孤寂，甚至在人际交往等方面出现问题，而一旦遇到问题无处寻求帮助就容易走极端，这时离家出走可能是逃避，也可能是寻求关爱或心灵依托。这种家长要冷静想一想，没有什么成就能够大过孩子的健康成长，生意、事业不顺，败了可以重来，但孩子的教育一旦错过最佳时期，将带来孩子身心不健康这样的失败与痛苦，而这往往是无法挽回及令家长后半生苦不堪言的。家庭教育及健全人格培养，关系到孩子一生的健康及幸福，家长必须予以重视。

解决方案

A 第一时间先报警。孩子离家出走后，在家长联系不上，或同学、朋友、亲戚也联系不上或不知道的情况下，家长要及时报警。这时孩子有可能和社会上的闲杂人员混在一起，或者和谁一块儿离家出走，或者单独会见网友等。为防范孩子遇到危险，必须立即采取安全措施。

B 冷静考虑。孩子离家出走后，家长要冷静，心理上要有所准备，对孩子的脾气性格要做到心中有数。家长还要关注孩子的年龄特点，不同年龄特点的孩子离家出走的时间、方式、地点，在外会滞留多少时间，孩子对家长是怎样的期盼，都是不一样的。

C 对于10岁以下的孩子离家出走，要分不同的情况。如果正在被家长责备体罚，心中不满，突然离家出走，则家长大可放心，因为孩子一般不会走太远，他一出门，就会看看你跟没跟着，你跟着，他以后就会变本加厉。这时，家长在确保孩子安全的范围内看住孩子就行，孩子出走一小会儿自己就会回来。另外，10岁以下的孩子通常不会选择晚上离家出走，因为年龄较小，一般都比较怕黑。孩子自己回来后建议不要责骂，而是告诉孩子："爸妈很爱你，很担心你。外面一个人不如在家里安全、舒服吧？以后遇到了什么事可以跟爸妈好好沟通，不要这样离家出走了，这样做是不对的。"

D 10岁至13岁的孩子离家出走，可以搁置一段时间再教育。这个年龄段的孩子已逐渐长大，有了自己的想法和主见，所以离家出走后不会马上回来，一般会选择住在要好的同学家。这时家长也不要急着让他回来，都在气头上，回来只会激化矛盾，住两三天后，孩子自己就忘了。孩子主动回来后，家长要先向孩子道歉并承认作为家长也有做得不对的地方，随后再与孩子沟通及进行正向教育。

E 15岁以上的孩子离家出走是最让人担心的，因为这个年龄的孩子正处在最叛逆的阶段，孩子接触的人也比较广，并且比较杂。孩子离家出走后，家长要及时联系他的同学、朋友。如果同学、朋友知晓，家长不要急着劝说，可以让孩子的同学、朋友劝（有时，同伴对孩子的影响甚至会超过家长），这样效果会比较好，而且稍微懂事的孩子都会在同学、朋友的劝说下消气并主动回家的。

F 消除出走因素。离家出走的孩子都有自己的想法，家长一定要弄清楚孩子离家出走的原因，如学习差、厌学、逃学、受人欺负、家长管制太严、父母离异等。家长一定要消除孩子心中的不满情绪，要真心地关爱孩子，这样孩子就不会离家出走了。

对于有过离家出走行为的孩子，从第一次出走回来之后家长就要着手培养孩子的逆商（抗挫力）。有过离家出走行为的孩子更需要家长和老师的理解、耐心与关怀，更需要家长关注其心理及性格健康。

孩子懒惰怎么办？ 十四

巫丫九型答疑解惑

原因分析

孩子懒惰主要表现在两个方面：一是行动方面的懒惰；二是思想方面的懒惰。这两个方面有着极大的关系，即孩子若在思想上懒惰，必然导致行动上懒惰。孩子在思想上往往会认为时间多得是，今天做不完明天做，所以做事懒散，能拖就拖。等任务越拖越多，孩子就会轻言放弃，时间长了就会养成懒惰的习惯。另外，懒孩子同时也是依赖性强的孩子，他们在学校不积极，总认为自己不回答问题也没有关系，总有同学会回答老师的问题。他们在家更不积极，什么事情都有爸爸妈妈处理，自己只要坐着看电视、刷手机、玩游戏就好。这种惰性思想在孩子心中生根发芽，导致他们在行动方面变得懒惰。总而言之，孩子懒惰的原因主要有以下三个。

（1）依赖性强。

（2）缺少上进心。

（3）家庭环境影响。平常家长对孩子的事情包办过多，孩子没有自我历练的机会。

解决方案

Ⓐ 孩子的事情让他自己独立去做，家长切忌一手包办。若孩子做得不尽如人意，家长可以开放性地引导孩子怎样可以做得更好，但一定不要去责备孩子做得不够完美。孩子的独立需要一个过程，这个过程需要家长的帮助与支持，而不是打击与否定，否则会让孩子失去信心和兴趣。家长要逐渐放手，让孩子在日常生活中独立完成一些事情，减少孩子对家长的依赖性。

Ⓑ 虽然现在提倡快乐学习，但学习本身是比较辛苦的事情，如何在学习中增添乐趣，就看家长怎么帮助孩子把握劳逸结合的尺度。比如巫丫九型人格中四号自我型性格的孩子，他们是发散性思维，并且某些艺术领域会让他们产生快乐及愉悦感。因此，在他们学习或做作业的时候，可以播放他们喜欢的音乐，这样枯燥的学习便会立马变得富有乐趣。当孩子慢慢喜欢上学习及做作业时的愉悦感受，就会改变懒惰及拖延的不良习惯。

Ⓒ 家长通过多种方式引导孩子树立人生理想，可以带孩子去汽车站、火车站、机场，可以去经济比较发达的地区，也可以到经济条件相对较差的地区多听多看，通过对比让孩子自己有一个关于未来生活方式的概念。另外，可以通过故事或一些现实的案例让孩子知道如果没有能力，长大了是很难在社会上立足的，从而鞭策孩子克服懒惰习性，奋发图强。

Ⓓ 家长做好积极勤奋的榜样。孩子过于懒散，有可能是学习长辈的样子。家长如果每天睡到中午才起床，孩子自然也会赖床，时间长了自然就懒散了。因此，家长要给孩子树立积极向上的榜样。

Ⓔ 家长对孩子的教育不能太过严厉，不能总是以打压的形式教育孩子。经常被批评及否定的孩子容易放弃努力，自暴自弃，从而导致懒散。家长应该掌握教育的度，既不娇惯孩子，又要时时鼓励孩子，肯定孩子的点滴进步，给孩子信心。

Ⓕ 除了学习，也好适当安排一些课余活动。"文武之道，一张一弛。"只有劳逸结合，才能让孩子学得更有效率。特别是对于语文学习来说，我们都知道很多孩子缺乏文采，写文章的时候经常不知该如何写，那么作文素材应当从哪里获得呢？其实就是日常的趣味活动和课余生活。课余生活不光是玩而已，它可以给孩子更多体验和实践的机会，并且增加孩子的幸福感，这些东西最终都能够吸收进脑子当中，转化为作文素材，对孩子的学习有所帮助。很多时候孩子学习上的负面情绪和慵懒散漫都是来源于家长和老师的负面影响。家长应当学会将扶与放相结合，用阳光与愉悦去驱散孩子心中对于学习的阴影。

在帮助孩子克服懒惰的过程中，家长要具备长足的耐心。孩子只要有一点进步，家长就给予充分的肯定，让孩子得到成就感，满足自我价值实现这一基本的心理需求，从而使孩子更快地成长。

十五　孩子沉迷于手机怎么办？

> 巫丫九型
> 答疑解惑

原因分析

为什么人会沉迷于刷手机？一是能掌握足够的信息，获得安全感。人的潜意识里充满对信息的渴望，足够的信息能让我们做出抉择并得以生存下去。二是通过分享有效和真实的信息，能够让我们获得周围人的尊重和信任。三是手机上能看到很多信息，这会让我们大脑的多巴胺系统激活，从而降低引起压力的皮质醇。手机娱乐能够使我们转移注意力，降低焦虑感，而且也十分符合追求快乐、逃避痛苦的人的本性，从而让人对手机上瘾。而孩子对手机上瘾，主要原因归结如下。

（1）手机中的游戏可以让孩子得到成就感。在BBC拍摄的纪录片《我们应该玩电子游戏吗？》中，心理学家马克·格里菲斯教授的解释一针见血，他说游戏最吸引孩子的是里面的即时奖励设计。这些设计完全符合实现自我价值的心理需求，也符合追求快乐、逃避痛苦的人的本性。

在游戏中，狙击掉对手，获得医药包，获得队友的夸奖，获得武器、战斗值、金币、血量等，几乎每摁一次按钮都对应着即时的奖励，这些设计会极大地激发玩家大脑的犒赏机制，从而让玩家兴奋、满足，想要的也越来越多。当孩子习惯于这些即时奖励后，就很难忍受像上学、考试这样需要不断付出辛苦努力，且长期坚持才能获得回报的事情，继而开始逃避学习。

更严重的是，获得即时奖励过度会使大脑出现损伤，达到医学意义上的成瘾（不过科学家认为，真正成瘾的患者比例非常小，绝大多数人属于玩游戏"过度"）。

（2）手机中的社交软件、游戏，可以满足孩子的社交需求。

（3）手机中的信息可以让孩子增长见识。当然，即便这些信息良莠不齐，真假难辨，也会让孩子觉得新奇有趣。

（4）孩子为了刷存在感而刷手机。有的家长总是很忙，对孩子的关爱较少，造成孩子内心感到空虚，缺少存在感，从而喜欢玩游戏，因为在游戏里，他就是王，一呼百应，可以获得内心的满足感。还有的孩子是想在小伙伴间刷存在感，想满足自己的虚荣心，想在小伙伴面前炫耀。因为觉得如果学习上比不过别人，在游戏里超过对方也不失为一种方式。

对于学习文化知识的学生来说，把大好的青春浪费在那些手机娱乐上面，有百害而无一利，那该怎么预防或制止孩子沉迷手机呢？

解决方案

A 允许玩但控制时间。堵不如疏，在信息时代，完全不让孩子玩手机是不太现实的,但是要有个度,必须事先和孩子商量好玩手机的时间。例如,玩手机的前提是不能耽误学习或者其他正事,可以玩半个小时或者一个小时,然后必须把手机放下去做别的事,否则以后别再想玩手机。

Ⓑ 用其他游戏或户外体育运动分散精力。孩子之所以喜欢手机,是因为有足够的时间和足够的精力来玩。因此,家长可以找一些有趣的科学游戏让孩子玩,或者与孩子进行户外运动,这样既能分散孩子的注意力,又能引起孩子探索科学的兴趣,淡化玩手机带来的乐趣。也可以邀请孩子的同学一起去做户外运动,鼓励孩子多与他人交流。孩子在无聊的时候往往会不由自主地拿出手机,寻找自己的乐趣,长此以往会忽略与人面对面沟通的重要性。因此,要多与人交流,用与人当面交流代替网上聊天,久而久之便会摆脱对手机的依赖。

Ⓒ 家长树立榜样,自己不要玩手机。如果不想让孩子玩手机,家长自己也要树立好的榜样。建议家长在家里的时候,不要当着孩子的面疯狂地玩手机。家长在玩手机的时候,必然会吸引孩子来看,引起他的注意和好奇,他自然也会模仿家长。应放下手机陪孩子,给孩子足够的关心和鼓励,与孩子有良好的沟通,帮助孩子与乐观开朗的人交往,避免孩子孤僻、没自信,以至于将对归属感的需求转移到手机的虚拟世界中。

Ⓓ 虽然利用手机看电子书很方便,但长时间看电子书眼睛会很累,颈椎也很不舒服。所以请放下手机,端一杯茶,捧一本书,体会真正的阅读乐趣。家长可以抽出时间带孩子去图书馆,畅游书海,拓展眼界,这样就不会让孩子沉迷在手机的娱乐快餐中。

孩子缺乏自律怎么办？ 十六

巫丫九型答疑解惑

原因分析

（1）家庭环境的影响，即家长在日常生活中表现得很散漫（如巫丫九型人格中的四号自我型、七号自由型、九号和平型容易有生活散漫或随心所欲的习惯。这两种性格的家长首先要进行深刻的自我认知、自我超越，只有这样才能为孩子提供好的榜样）。

（2）家长给孩子制订计划、委派任务，出发点都是为了孩子好，但如果方式过于粗暴，会让孩子感觉受到威胁和强迫，孩子就会故意用散漫的态度来进行他们的消极抵抗。

（3）孩子缺乏上进心，对自己成功的信心不足，不愿脱离自己的舒适区去应对新的变化。

（4）时间观念淡薄，注意力经常被分散（四号自我型孩子、七号自由型孩子注意力分散是由于容易为外界的各种变化所吸引；而九号和平型孩子注意力分散则是因为太注重平衡与和谐，很难抓住重点）。自律的要素之一就是专注力，如果一个孩子不懂得时间管理，他就很容易为各种事情所吸引，到最后该做的事情都没有做好。如果孩子到了寒暑假、小长假就彻底放飞自我，毫无学习计划，则时间观念会越来越差，规划能力也无法得到锻炼，更别说在短时间内集中注意力去补上落下的学业，进入高效的学习状态了。

（5）害怕一件事做完之后家长会提出更多的要求。

解决方案

A 给孩子有原则的爱，在规范孩子行为的同时，也要让孩子感受到爱与被爱。要温柔而坚定地去管教孩子，并且让孩子承担自己行为的后果。因为我们管教的最终目的是让孩子做正确的事情而不是让他受伤害，所以当孩子有了一些不妥当的行为时，切勿不分青红皂白地指责，或对孩子的人格进行否定及污辱，比如"你是个猪啊，我怎么生了你这么笨的孩子？"等。温和的态度比较容易让孩子产生信任，为进一步的沟通做好铺垫。

B 孩子的自律要靠家长以身作则和刻意培养。家长自身的行为方式对孩子有至关重要的影响。如果家长在日常生活中坚持原则，注重自我约束，并体现在行动上，就会对孩子起到强有力的示范作用。家长是孩子模仿的对象，如果家长喜怒无常，做事随心所欲，不考虑后果，孩子就会学到同样的行为风格。

C 从细节处培养孩子学会自我控制、自我调节。人在婴儿时期是完全没有自我控制和调节能力的，这时候的孩子完全受冲动与欲望的影响，很难长时间做一件事情。进入幼儿园后，孩子才逐步发展出自律的能力，而这时候的家长和老师就担当着帮助和引导孩子的使命。很多孩子喜欢吃巧克力，但是有的家长会把巧克力藏起来，尽量不让孩子发现，可是一旦孩子发现，就可能吃个没完没了。假如我们换个方法，把十块巧克力一次给孩子，然后告诉孩子多吃巧克力的坏处，并和孩子商量好每天只吃两块，若孩子答应了，就要求他按规定去做。开始时，孩子可能不能按规定去做或做得差一点，但是作为家长，一定要有耐心，不能训斥孩子，要鼓励他继续努力。时间长了，孩子就会有所作为。这时，家长可以事先告诉孩子："桌上有巧克力，你可以选择吃或者不吃，如果能够坚持到晚上爸爸妈妈回来还没有吃，明天就会有更多的巧克力。"这是一个非常经典的教育例子，孩子可以切身地体会到诱惑在自己身边的感觉以及抵制诱惑后的心理成就。那时，他就有了一定的控制力与自律能力。

D 延迟对孩子需要的满足。家长不要总在第一时间满足孩子的愿望，不要让孩子的欲望膨胀。如果孩子在商场里看到了一个自己中意的玩具，提出让爸爸妈妈买给他，作为家长当时不一定马上答应他，而是可以适时地对孩子提出要求，这些要求可以针对孩子需要改进的地方和需要学习的方面。等孩子通过一个阶段的努力达到了以上要求时，再作为礼物送给孩子。这样的做法不仅可以帮助孩子明白只有付出才有收获的道理，而且也让他真正地学到了东西，改变了以往的不良习惯。

E 引导孩子学会时间管理。家长可以设定孩子在某个时段做某件事，如几点到几点看电视，几点到几点读书（如果条件允许，家长也可以同步进行学习或读书）。若长时间坚持在某一时间做某事，则孩子的自律能力会逐步提升（通常一件事坚持 21 天，便会成为习惯）。

Ⓕ 不管多大的孩子，责任心的发展都是认识与信念先到位，行为稍滞后，这是因为孩子预见事物发展结果的能力和自我控制力比较弱。在孩子遇到问题或困惑时，家长不要直接给孩子答案，而是启发孩子去思考，或者为孩子提供两个以上的选项及结果分析，让孩子在预知结果的前提下进行选择，从而提高他的自我管理能力。

Ⓖ 激励和称赞孩子。很多家长都是直接夸孩子：你真棒，你真聪明。但是美国的研究人员曾经做过一项测试，他们让幼儿园的孩子解决一些难题。然后，对一半的孩子说："答对了 8 道题，你们很聪明。"对另一半说："答对了 8 道题，你们很努力。"接着给他们两种任务选择：一种是可能出一些差错，但最终能学到新东西的任务；另一种是有把握能够做得非常好的任务。结果 2/3 被夸聪明的孩子选择容易完成的，90% 被夸努力的孩子选择了具有挑战性的任务。所以当孩子这次做得比上次好时，家长要适当夸奖孩子，可以说出自己看到的情景，告诉孩子这是他努力的结果。可以把孩子值得赞赏的具体行为总结为一个赞赏的词，这样将激励孩子采取正面的行动继续进步，提升孩子的自我管理能力。

孩子爱攀比怎么办？　十七

巫丫九型　答疑解惑

原因分析

（1）家长对孩子过分宠爱。无原则、无底线地对孩子进行物质上的满足，只会让孩子觉得自己应该拥有这一切，认为别的孩子有的，自己也应该立刻拥有，不然自己就被比下去了。他要的东西只有给他买了，他心里才能平衡。然而，正是因为家长的溺爱，才造成了孩子的攀比心理。

（2）有的家长认为，放大自己家孩子与别人家孩子的差距，就能激励孩子更加奋发，而且对这种比较美其名曰：我是为你好。把学习和对孩子兴趣的培养当作攀比的筹码，就是对孩子人生的一种绑架（巫丫九型人格中三号成就型、火焰四自我型性格的形成就与"对比"及"比较"有关），因为家长没能正确认识到个体生存的独特性，还在无意中把自己未达成的心愿、自己的焦虑都转嫁给了孩子。在这种压力下，孩子会越来越在意他人的看法，并刻意地把自己和他人进行比较，把精力都聚焦在了家长正面或负面的评价上，反而没有心思专心做该做的事，这其实是一种本末倒置。家长的这种做法不仅没能达到自己最初的目的，反而对孩子自信心的树立、自尊心的建立以及健全人格的培养产生比较恶劣的影响。

（3）家长自卑心理的影响。有些家长担心自己经济不宽裕，自己的孩子会受人欺侮，让人瞧不起，所以当孩子说别人家的孩子有什么东西时，常常会觉得别人有的，自己的孩子也应该有，于是便迫不及待地为自己的孩子买一份，哪怕自己再苦再累也在所不惜。其实，家长的自卑心理会在无意中影响孩子，让孩子因害怕被瞧不起而过多地进行物质上的攀比。这是导致孩子产生攀比心理的一个重要原因（在对比当中长大的孩子，内心容易虚荣及脆弱，如三号成就型，他们外在看起来优秀而强大，但由于太在乎外在的成功及外部评价，内心其实是不强大的。所以，家长必须帮助孩子从小开始放弃与他人对比，要让孩子知道只要今天的自己比昨天的自己优秀而美好，就是有成长的，这样孩子才能由内而外地强大起来）。

解决方案

A 首先要告诉孩子，他们都还没有能力养活自己，他们所攀比的都是家长积攒的血汗钱。要证明自己比别人强，与其用家长拥有的东西来比，不如比学习、能力等属于自身的东西。孩子通过自身的努力来超越他人，才会更有成就感。当然，也必须帮助孩子认识到，尺有所短，寸有所长，每个人其实都有各自的优势，单项对比其实不足以说明什么。当孩子超越其他人时，应继续努力，超越昨天的自己；当别人比孩子更厉害时，孩子可以虚心地跟对方学习及请教。

B 家长以身作则，不要在孩子面前表现出攀比的心理或做一些攀比的事，否则会潜移默化地影响孩子，让孩子在不知不觉中形成攀比意识。

C 对于孩子提出的一些过分的要求，家长一定要学会拒绝。比如孩子说："某某某有新鞋，所以我也应该有。"这时候，家长就可以转移一下注意力，说："某某某虽然有新鞋，可是你有新外套／新书包／新文具。"这个效果挺好，通常孩子一听就不吱声了。

D 通常情况下，孩子和什么样的人接触，就会变成什么样的人。所以家长要注意观察，如果孩子身边有一些爱攀比的孩子，就要教育孩子不要为他们的攀比言行所影响。

E 正确区分上进心和攀比心。上进是通过自己的努力让自己在各方面变得更优秀，能力更强；而攀比是用现在拥有的东西和别人对比，是不分实际情况的对比，没有正向的意义。家长要及时帮助孩子养成正确的价值观，当孩子出现攀比行为后，要及时制止，并且教孩子改正。而教育孩子不是一件容易的事情，家长一定要有长足的耐心，慢慢地帮孩子改掉一切不好的习惯，这样才更利于孩子的健康成长。

十八 孩子缺乏主见（盲目跟风）怎么办？

> 巫丫九型答疑解惑

原因分析

（1）家长对孩子担忧过多，放心不下孩子（如六号疑惑型家长），觉得孩子年龄太小或能力上处理不好事情，因此，处处取代或干预孩子做决定。孩子平日里早已习惯被指挥、被安排，得不到任何独立选择及独自锻炼的机会，这样孩子怎么会有主见呢？

（2）家长过度否定孩子的行为，导致孩子对自己缺乏信心。家长不应该依据自己的方式或是想法来要求甚至强迫孩子，一味地否定孩子的想法会打击孩子的自信心。家长应该换位思考，站在孩子的角度与他沟通，鼓励孩子说出自己的想法及自己做出决定，并给予适当的引导。

（3）家长太过强势且控制欲过强（如一号完美型家长），凡事替孩子做计划和安排，剥夺孩子自主选择的权利。

解决方案

Ⓐ 家长要多给孩子创造一些自主选择的机会，不要过于干预孩子的决定，在不违背原则的前提下，可以给予孩子自由选择和自主行为的权利。例如，在平时选择孩子的东西时，要多给孩子机会，让孩子自己去选择。孩子确实一开始没有自理的能力，但他在平日的生活和学习中可以吸取经验。家长要给予孩子锻炼的机会，让他多与别人进行交往。孩子碰到难题时，不要立马代替孩子解决，而是先鼓励孩子独立思考，独立想出解决方案。当孩子的行为正确时，要给予称赞；当行为错误时，要进行纠正。

Ⓑ 帮助孩子学会分辨是非、鉴别优劣，培养正确的价值观。家长要在方向上进行指导，让孩子知道什么是对的，什么是错的。

Ⓒ 营造和谐民主的家庭氛围，鼓励孩子表达自己的真实想法。比如平日里询问孩子想吃什么菜或是挑选哪样商品，这既能够让家长知道孩子的偏好，也能够锻炼孩子的语言表达能力与思考能力，从而让孩子多一些想法，慢慢地来拓展孩子的思维，让孩子知道怎么做才是有主见。另外，可以用一些真人真事或者孩子自己的亲身经历来说明坚持正确的主见会得到的助益。

Ⓓ 在一些无关紧要的事情上，多让孩子体验自己做主的过程，不用过分注重结果。这个过程体验是一种直接学习，家长可以跟孩子一起总结经验，引导孩子知道什么是正确的坚持，什么情况下该为自己的错误决定付出代价。

十九　孩子驼背怎么办？

> 巫丫九型
> 答疑解惑

原因分析

（1）驼背是胸椎后突所引起的形态改变。孩子驼背主要是因为长时间坐姿不正确，导致脊柱变形。

（2）孩子内心不自信或青春期发育害羞所导致。

解决方案

A 大多数驼背都是由于长期的不良姿势引起的，称为姿势性驼背。只要进行矫正练习，加强背部伸肌的力量，并牵引胸部前面的韧带，驼背状况就能改变。

B 可以通过穿戴专业的支具如"背背佳"来矫正驼背。

C 通过形体训练来改变体态，即先双脚站立，脚跟并拢，双脚脚尖向外打开180度。这样站立时人的体态就会特别挺拔，因为重心后移到脚跟，从而可以矫正驼背。

Ⓓ 仰卧床上，在驼背凸出部位垫上6~10厘米厚的垫子，然后两臂伸直，手掌朝上，两肩后张，这样保持仰卧5分钟以上，每天可做2~3次。家长要在一旁监督孩子，提醒孩子抬头挺胸，并时刻告诫孩子要矫正驼背。

Ⓔ 通过练瑜伽的方式来改变姿势，并提升气质。首先坐在椅子上，两手放在扶手外侧；然后吸气，两手从旁边慢慢上举，两手心在头顶上方合十；最后呼气，手臂从旁边慢慢放下。以上动作重复做2~3次。

Ⓕ 若孩子驼背是因内心不自信或青春期发育害羞而导致的（女生居多），则除了进行形体训练外，还要针对孩子的心理问题进行教育，帮助孩子正确认识及接纳自己。

注意：以上方法都可以采用，但是矫正驼背不是一朝一夕的事情，要长时间坚持才能达到效果。

二十　孩子胆小自卑怎么办？

> 巫丫九型
> 答疑解惑

原因分析

孩子生下来就如一张白纸，家长是孩子的第一任老师，家长在这张纸上写什么，纸上就呈现什么。孩子自卑心理的产生是有原因的，主要是受家庭环境以及家长的影响。总结起来，以下几种家庭环境容易造就孩子自卑、胆小的性格。

（1）经常争吵的家庭、关系紧张的家庭。在大人眼中看似正常的吵架拌嘴，孩子幼小的心灵却不能理解，孩子不知道为什么自己最亲的两个人要像仇人一般相互攻击，孩子不能辨别谁是谁非，更不愿认定谁是好人谁是坏人。当家庭纷争比较多时，孩子内心会非常没有安全感及归属感。如果家长是为他的事争吵，孩子会更难受，觉得自己是坏孩子，甚至做噩梦，总觉得在其他小朋友面前低人一等，导致上课或做事时心事重重，心不在焉（如巫丫九型人格中六号疑惑型性格的人，他们终其一生都容易活在担忧与恐惧之中，一部分就与他们的原生家庭中关系不和谐带来的不安全感有关)。

（2）有暴力倾向的家庭。这里所说的暴力，不仅包括肢体上的动手打孩子，还包括语言上的冷暴力。有些家长认为孩子不听话，就打到孩子听话，但性格比较软弱的孩子会在这样的肢体暴力下越来越胆小。还有很多家长选择了另外一种看似温和，实则危害更大的方式来教育孩子，即语言暴力。例如，"你怎么那么笨？教了多少遍了还是记不住！""就没见过你这么不听话的小孩！""你真烦人！能不能安静会儿？"有时候，家长会不计后果地对孩子施加语言暴力，话是一吐为快了，可伤害随之而来。孩子的内心是单纯而脆弱的，家长说他笨，他感到的是家长对他的嫌弃；家长说他烦，他感到的是家长对他的厌倦。这些暴力性及攻击性行为会严重地伤害孩子的自尊，从而导致孩子内心自卑。

（3）经常对孩子哭穷或呈现悲观氛围的家庭。比如"我们家就靠你了，你不努力，我们这么辛苦地活着也没什么意思。""我就后悔生了你，没有生你我就不会过得这么辛苦。"家长以为是说说而已，但是在孩子敏感的心里，可能就种下了种子，影响他一辈子。跟孩子哭穷，和让孩子自己去感受生活的不易，完全是不一样的。前者可能让孩子从根子上自卑，因为生养的家长如此悲观，自己的生活更会惨淡无光，从而感受不到人生的希望；但让孩子自己去体验生活的不易，并引导孩子形成积极向上的思考方式，往往会让孩子产生那股子"没有伞的孩子努力奔跑"的劲儿，最后孩子往往通过努力改变了自己的人生。

解决方案

A 让孩子多接触外界，多与人交往。家长一定要让孩子有更多的机会接触外界，并多为孩子创造与人接触和交流的机会，不要让孩子一个人一直待在家里（不进行应有的锻炼，是不可能培养出胆子大的孩子的）。鼓励孩子在与人交往时积极主动，克服心理障碍。孩子在人际交往中遇到一些小麻烦时，家长可以在方式方法上进行正确和合理的引导，然后鼓励孩子独立解决。孩子锻炼的机会多了，慢慢就能从人际交往中找到自信，变得更勇敢及开朗乐观。

B 提升孩子的能力素质。如果孩子在各方面都表现平凡，就很容易形成自卑心理。作为家长，必须了解孩子的性格优势，根据孩子的性格优势培养孩子的兴趣专长（例如，五号智慧型的孩子逻辑推理能力很强，可培养孩子往围棋、奥数、科技等方面发展；四号自我型的孩子往往在艺术领域有天赋，可以在音乐、舞蹈、美术等方面发展）。当孩子的性格优势与兴趣专长结合在一起，就非常容易表现优异并在团体中脱颖而出。孩子越优秀自然越自信，越自信便越优秀，这将成为一种良性循环。

C 多鼓励及欣赏孩子。对待胆小自卑的孩子（如六号疑惑型），家长要多欣赏、鼓励和认可。因为胆小自卑的孩子往往容易怀疑他人，所以在鼓励和表扬孩子时，家长要做到与事实相符并且具体化。比如，夸孩子"你好棒"，不如说"孩子你好棒啊，你的字写得很工整"。家长的肯定与认可，会帮助孩子逐步建立自信。

孩子丢三落四怎么办？　二十一

巫丫九型答疑解惑

原因分析

（1）与家长（如巫丫九型人格中二号助人型及六号疑惑型性格的家长）在生活中对孩子的事情包办过多有关。家长怕孩子吃苦，怕孩子受累，事事帮助孩子，导致孩子缺乏独立生活能力，懒散粗心。

（2）孩子玩心太重，心思没放在自己该做的事情上面。

（3）孩子责任意识淡薄，对自己需要完成的事情缺乏清晰的责任界定。

解决方案

A 家长可以适当放手，变得"懒惰"一些，让孩子独立处理一些事，并学会为自己做的事承担后果。家长可以在日常生活细节上培养孩子对事情的责任心。比如让孩子自己整理好第二天上学所需要的书本、文具、校章、衣服等，完成后再检查一遍。这样到第二天上学时就不会手忙脚乱、丢三落四了，同时也能培养孩子自行整理的良好习惯。

Ⓑ 引导孩子学会制订计划并积极执行计划。要帮助孩子制订当日行动计划或者周计划，把要做的事情写下来，贴在显眼的地方，每完成一项就打个钩。让孩子慢慢地从小事情做起，一点一点独立完成。家长在这个过程中要耐心跟进和监督，帮助孩子通过小事养成认真和细心的态度。

Ⓒ 让孩子自己承担丢三落四的后果。在孩子吃到丢东西的苦果之后，家长千万不要给孩子贴标签——"你看，你就是粗心大意的人！"（这种贴标签的方式会让孩子对自己的错误形成"自我暗示"，最终导致习以为常），也不要批评和责备孩子，而是以这个错误为契机，启发孩子提升自己的保管意识，通过更多注重细节的实践训练让孩子锻炼自己管理自己的东西，并对结果负责。在孩子改进行为的过程中，若有好的表现，要及时给予肯定。

Ⓓ 巫丫九型人格中四号自我型、七号自由型、八号领袖型等性格的孩子相对粗放些，也容易在生活中丢三落四。除了采取以上方法对孩子进行训练外，还可以通过一些特殊的方式，如巫丫九型健全人格培养，对孩子进行强化训练，这样在短时间内就能非常好地帮助孩子改善行为习惯。

孩子抗挫力弱怎么办？ 二十二

**巫丫九型
答疑解惑**

原因分析

（1）家长总是过于精心地照顾孩子，处处为孩子架桥铺路，总将他放在安逸的环境中，如同温室中的花朵，这难免会使孩子经不起挫折，耐挫能力随之变得越来越差。

（2）孩子遇到困难时，想要坚持却没有得到家长的支持和鼓励，反而受到嘲讽，导致孩子有畏难情绪。

（3）家长对孩子期望过高，超出孩子的能力范围。当没达到期望时，若家长表现出的是失望、责备与不理解，而不是帮助孩子重拾信心，就会使孩子害怕犯错。如果家长对孩子的容错度太低，很多时候会让孩子害怕挫折。

解决方案

A 积极引导、帮助孩子发现挫折的正面意义。美国心理学家阿尔伯特·艾利斯在20世纪50年代曾提出一个理论——ABC理论。该理论强调挫折是否让人产生负面情绪，并不在于挫折事件本身，而在于对挫折的认识、评价及理解。家长应该首先对挫折有一个正确、客观的认识：生活中的挫折在让我们感到痛苦的同时，也会让我们从中获益——收获经验，磨炼心智。当孩子在学习、生活中对挫折产生逃避心理时，家长首先要帮助孩子扭转这一错误认知，让孩子意识到任何人都可能遇到挫折，与挫折对峙的过程也是一个人成长的过程。当我们能够面对挫折、克服困难，就是对个人能力最有说服力的证明。比如，孩子做作业受挫时，家长可以等孩子情绪平复下来再跟他讨论："宝贝，你这道题不会，又挨老师批评了，所以很生气对吗？""妈妈小时候也经常做错数学题，被老师批评，这很正常。每重做一次错题，我们又多了一次学习的机会，下次遇到类似的题我们就不怕了。"

B 多鼓励孩子，帮助孩子积累正面经验。当孩子遭遇困难或挫折时，家长不要第一时间冲出来"越俎代庖"帮孩子解决问题，而是应该给孩子提供学习的机会，启发孩子思考解决方法，让孩子尝试独立解决。家长的"包办"行为只会让孩子产生思想依赖，阻碍孩子的自我成长。很多孩子在幼儿时期第一次独立面对困难时，往往会产生恐惧心理和退缩行为，这时家长应该鼓励孩子去克服眼前的困难。例如，孩子第一次走路摔跤、喝水不会打开水杯、穿不上鞋子时都会找家长求助，家长可以这么处理——告诉孩子"你已经慢慢长大了,我们相信你可以做到!"如果孩子独立完成实在有困难,家长可以稍微协助一下,但是不妨多给孩子一点时间和耐心,让孩子多尝试几次。

Ⓒ 家长不要急于求成,要在点滴中培养孩子的自信心。现在很多家长都有"望子成龙,盼女成凤"的心理,所以对孩子的要求很高,方方面面都要求孩子做到最好。其实,这样做会让孩子形成"凡事应该追求完美"的认知,同时也会给孩子造成很大的心理压力。一旦孩子面临失败,就会灰心丧气,甚至产生愧疚心理,觉得怎么做都满足不了家长的期待。孩子抗挫能力差只是一个表象,当家长能够透过现象看到本质,对孩子多一些信任,给孩子多一点时间和耐心,孩子自然会成长。

Ⓓ 陪孩子多了解一些成功人士的成长故事,可以看纪实片、名人传记等,看成功人士成长中经历了哪些艰难,又是如何保持坚定信心和采取积极行动达成目标的。

Ⓔ 孩子的抗挫力差与孩子的性格也有很大关系。我们知道,性格并不仅指人外在的语言和行为方式,更多是指人的内在思考方式。不同性格的孩子看待世界与自己的角度与方式是不同的。有些性格的孩子倾向于关注自己的缺点,并且极其容易自我否认,如巫丫九型人格中的部分正六疑惑型。这些孩子事情还没做,就会告诉自己,我肯定不行;一旦真的做不好,他们更是对自己全盘否认,甚至今后不再敢轻易去尝试。这样一直恶性循环下去,对孩子一生的成长会带来巨大的负面影响,甚至直接导致孩子人生的失败。其实,我们可以借助巫丫九型性格心理学"唤醒"孩子,帮助孩子客观中立地认识自己,在看见自己缺点的同时,也

学会欣赏自己，发现自己的优势，从而重拾信心。另外，遇挫时不仅要看见事情的负面走向，也要知道正向趋势的存在，从而更加勇敢地去面对困难与挫折，变得更加强大。

孩子不会化解自己的负面情绪怎么办？ 二十三

巫丫九型答疑解惑

原因分析

心理学上把焦虑、紧张、愤怒、沮丧、悲伤、痛苦等情绪统称为负性情绪（Negative Emotion），有时又称为负面情绪。人们之所以这样称呼这些情绪，是因为此类情绪的体验是不积极的，身体也会有不适感，甚至影响工作和生活的顺利进行，进而有可能造成身心的损害。孩子产生负面情绪的原因主要如下。

（1）自身性格比较容易关注负面的事物（如巫丫九型人格中的一号完美型、六号疑惑型等）。

（2）外界因素的制约，导致孩子的愿景暂时得不到实现。

（3）缺乏足够的知识与阅历来判定事件本身的积极意义。

解决方案

孩子在生活中有负面情绪，是他对生活中的不如意的一种表达。面对孩子的负面情绪，切忌粗暴否定、含糊转移、直接打压或冷漠说教。因为这些方法并没有从根本上消除孩子的负面情绪。

A 面对孩子的负面情绪，家长首先要控制好自己的情绪，冷静处理，否则不仅会让孩子沉浸在自己的负面情绪中，还要承受来自家长的负面情绪，这样会让孩子在情绪上雪上加霜。

B 接纳孩子的负面情绪，耐心与孩子沟通，找到孩子负面情绪的来源。只有弄清楚孩子真正的想法后，再对孩子进行合理引导，才能把话说到孩子心坎里。

C 好好安慰孩子。当孩子正在生气或是感到委屈、感到沮丧时，家长应该用鼓励的方式进行引导。可以让孩子多想想自己身上的优点，而不要总是觉得自己不行或是自己失败了。

D 在不伤害孩子自尊的前提下，对孩子的一些错误想法提出批评。比如孩子哭闹不想上学，孩子与同学攀比要求购买贵重物品等。

E 帮助孩子合理宣泄自己的负面情绪。根据孩子的年龄特点，选择合适的发泄方式。例如，哭泣不仅是缓解不良情绪的方法，还能提高免疫力；或者在空旷的地方大声喊叫；或者运动或旅行，让孩子的身体活动起来，让心里的苦闷随着身体的运动释放出来。

如何提高孩子管理情绪的能力？

二十四

巫丫九型答疑解惑

原因分析

孩子发脾气等是情感发育的一种表现，这取决于人的情绪敏感力。从小培养孩子管理好自己情绪的能力，对孩子当前的学习、人际关系，以及未来经营家庭和事业都有着积极的意义。提高情绪管理能力是提高情商的主要途径。

解决方案

A 在谈任何的情绪管理之前，家庭有一个良好稳定的情绪环境是至关重要的。因为孩子很多处理情绪的方式都是模仿家长。如果家庭的情绪氛围是比较极端的，那么孩子几乎很少能够控制好自己的情绪，一般情况下会向两个极端方向发展，要么不顾及他人感受，直接表达自己的情绪，要么索性把自己的情绪完全掩藏起来不去表达。这两种情况都是很有问题的，太过于直接容易惹祸，太过于隐藏会导致自卑甚至抑郁。太过于隐藏情绪的孩子，问题被发现的时间更晚。所以，在讨论任何的情绪管理方法之前，都要记得，一个良好的家庭情绪环境比任何一种情绪管理方法都要奏效。

Ⓑ 教孩子学会正确认识性格与情绪。对于不同性格的人，情绪出现问题的点不同。我们出现情绪问题，很多时候是由于我们的"雷区"被踩。当孩子能觉知到自己的性格"雷区"在哪儿，并知道自己如何为外界环境所控制时，孩子的情绪管理能力就会提升。例如，巫丫九型人格中一号完美型性格的孩子太过追求完美，事无巨细都高要求、高标准，当外界不能达到他们的标准时，他们就容易出现情绪问题。如果帮助孩子认识到他们的情绪为各种标准所控制，再次出现外界达不到他们的要求与标准的情况时，他们出现情绪问题的概率就会降低，从而真正帮助孩子提高管理情绪的能力。

Ⓒ 启发孩子分析这些情绪产生的原因，让孩子把其中的因果关联一下。家长要引导孩子明白自己情绪产生的原因，学会理解自己，这样下回出现相同情况时，孩子就能够自行预防不良情绪的产生。

Ⓓ 学习控制情绪。要让孩子明白，即使产生一些比较激烈的情绪也并不可怕，因为情绪是人真实感受的反映。同时也告诉孩子，发泄情绪并不能解决问题，也不能获得自己想要的结果。家长要鼓励孩子用妥当的语言来表达自己的需求，用冷静的行为来创造自己想要的结果。如果孩子在表达需求时不顺畅或采取行为时不高效，家长需要保持耐心，肯定孩子的正面行为，因为这对

孩子是很好的鼓励。

E 如果孩子暂时没控制住情绪,那也没关系,要鼓励孩子发完脾气后及时向对方诚恳地道歉,这也是帮助孩子为自己的情绪增加一条有效制约。

F 让孩子学会换位思考,关联自己和他人的情绪。当孩子认识到自己的情绪并学会如何处理之后,家长就可以开始引导孩子发展共情的能力。要让孩子意识到,自己和别人一样都是有情绪的,应养成"己所不欲,勿施于人"的习惯,善于理解他人,这样孩子才更容易融入群体中。

二十五　如何提高孩子的幸福感？

> 巫丫九型
> 答疑解惑

提升幸福感对孩子的意义

　　幸福是一种主观的感受，在孩子成长过程中和以后的生活中起着重要的作用。幸福可以让孩子的内心充满温暖和阳光，让孩子拥有健全的人格并懂得如何爱他人；可以提高孩子生活和学习的积极性，增强抗挫能力，即使失败了也不会轻易放弃或者萎靡不振。孩子会把内心对幸福的定义和感受带到以后的恋爱、婚姻和亲子关系中，让幸福延续，感染至亲的人。

解决方案

　　A 让生活有必要的仪式感，重视特殊的日子，如孩子的生日、孩子喜欢的节日。家长可以在特殊的日子满足孩子的一个小愿望。

　　B 到户外进行一次亲子游戏或者远足，让孩子在亲近自然的同时，得到家长高质量的陪伴。

Ⓒ 亲手为孩子做一份独一无二的礼物。用这样简单的方式告诉孩子他在家长心中的重要分量。

Ⓓ 情绪具有感染力，如果孩子在有爱的、温暖的家庭环境中长大，孩子的心理会更健康，更容易感受到幸福。

Ⓔ 家长要懂孩子。作为家长，应了解孩子的性格，懂孩子的内心。如果亲子沟通无障碍，孩子与家长的关系将变得无比融洽，孩子的内心将极有归属感及幸福感。

二十六　孩子性格偏执怎么办？

巫丫九型答疑解惑

《中国精神疾病分类方案与诊断标准》（CCMD-2-R）对偏执型人格特征的描述如下。

（1）广泛猜疑，常将他人无意的、非恶意的甚至友好的行为误解为敌意或歧视，或无足够根据，怀疑会被人利用或伤害，因此过分警惕与防卫。

（2）极度的感觉过敏，将周围事物解释为不符合实际情况的"阴谋"，并可成为超价观念。

（3）易产生病态嫉妒，对别人获得的成就或者荣誉感到紧张不安，妒火中烧，抱怨指责。

（4）过分自负，对自己的能力估计过高，无法认同别人的观点。若有挫折或失败则归咎于人，总认为自己正确。

（5）没有宽容之心，常常会抓住别人的错误不放。

（6）总是过高地要求别人，但又从来不信任别人的动机和愿望，把别人都看得很坏。

（7）思想行为固执死板，忽视或不相信与自己想法不相符合的客观证据，因而很难与之说理或用事实来改变其想法。

（8）看问题片面主观，不能正确客观地分析形势，易感情用事。

只要符合上述项目中的三项，就可诊断为偏执型人格障碍。

原因分析

（1）幼时缺少亲人的关爱和陪伴。孩子缺乏父爱或者母爱，经常被指责和否定，导致很少与人交流、性情孤僻。

（2）在成长过程中挫折接连不断。无论是生活中、学习上，还是与人交往过程中，如果孩子经受了过多的打击，会使孩子对人对事产生偏执的想法。

（3）缺乏阅历和见识。孩子之所以看人看事不全面，轻易地得出不正确的结论，并且一直坚持着自己的错误观点，往往是因为阅历少，经验不足。阅历少使得孩子固执己见，经验不足导致孩子看问题不能全面客观，所以就会有偏执的表现。

（4）自我苛求，很少向人求助，凡事要靠自己办到。这些自我苛求与自己存在的某些不足形成尖锐的矛盾，但自己不愿意承认自己的不足，也不接受自己的不足，由此导致内心产生自卑感。

（5）成长环境的影响，如长期对家长失控的情绪耳濡目染、经济条件差等。一些家长采取了不科学的教育方式，过分娇惯或者过分严厉，当孩子无法达到要求时，没有采用正确的沟通方式，只知道责骂甚至棍棒相加。在这样的情况下，孩子容易失去自信心和上进心，并且在破罐子破摔的思想下形成偏执心理。

（6）巫丫九型人格中火焰四自我型、反六疑惑型性格的孩子，若从小原生家庭造成的创伤太强，就容易剑走偏锋，形成偏执型人格。

解决方案

A 创建和谐温馨的家庭环境，改善教育方式。家长要以身作则，言传身教，调整自己不良的性格，尊重、理解孩子，塑造民主和谐的家庭气氛。当孩子有了进步时，哪怕是微不足道的，都要及时给予表扬。真诚地肯定、表扬孩子的优点，可以温暖孩子冰冷的受挫心理，化解其对别人的敌意。孩子身上一定有优点，家长要不断发现他们的优点，激励和赏识他们，使他们的优点不断增多，使他们不断地获得肯定、表扬和成就感。

B 鼓励孩子多与他人交流思想，减少对他人的猜疑。偏执的人习惯以灰暗消极的心理去判断别人的行为。猜疑产生的根源是对他人和事物认识不全面、不正确，如果再与他人缺乏沟通，就会使这种猜疑心进一步膨胀。因此，要多与朋友、同学谈心，与他们建立交流思想感情的"热线"，经常了解他人的心理状态，了解他人的喜悦和苦恼。这样，孩子与他人的隔阂就会逐渐减少。

C 创造机会，让孩子多关爱身边的人或参与公益活动。通过助人，可以了解别人的难处，培养自己心胸开阔、善解人意的优良品质。偏执的人常常对现实不满，经常被一种不安全的痛苦情绪支配，为了发泄心中的不满，就会时时责难他人，觉得他人一无是处。所以，有这种性格倾向的孩子，应主动帮助有困难的同学和朋友，这样就能体会到助人为乐的幸福感，培养自己对他人、对周围世界宽容的心境。

D 引导孩子学会控制自己的情绪，防止过分激动。人在生活中总会碰到不顺心的事，看到不顺眼的人，不能一遇挫折就剑拔弩张，甚至迁怒于他人，否则，自己的朋友会越来越少，自己的心境也会越来越差。因此，平时一定要有意识地锻炼自己的情绪控制能力。当感觉到自己的情绪要爆发时，可以深呼吸，在心中默念"一、二、三……"当情绪的激昂状态过去后，自己的心情就会慢慢平静，进而感受到自我控制的喜悦。

E 鼓励孩子多参与集体活动，克服"自我中心"问题。偏执的人有的是妄自尊大，有的是内心很不自信，而以独断专行来掩饰自己的真实感受，但其主要特征还是以自我为中心，藐视他人和群体。要想克服这一点，就必须积极投入集体活动中，使自己的行动逐渐与他人协调。否则，孤家寡人在大千世界横冲直撞，难免会坠入失败的深渊。

F 引导孩子学会以事消疑。偏执的孩子有主观片面、固执己见的思维特点，家长要诱导其依据事实来判断他人对自己的态度。当偏执的孩子情绪不稳定、冲动、暴躁时，家长应采取冷处理的方式。先把事情暂时"冷冻"，尽量让孩子冷静下来。等其平静后，再以亲切的语言、和蔼的态度循循善诱，深入细致地和孩子一起进行实事求是的分析，让其在事实中找到答案，消除怀疑。

二十七　孩子花钱大手大脚怎么办？

巫丫九型
答疑解惑

原因分析

对于价值观还没定型的青少年来说，理财能力的培养直接关系到其一生的幸福与发展。孩子不可避免地会与金钱打交道。很多孩子没有亲身体会到金钱的来之不易，丝毫不会体谅家长的辛苦，不懂得节俭，乱花钱、随意浪费的现象较为严重。孩子花钱大手大脚，主要原因有以下几点。

（1）虽然人们的生活水平日益提高，但也出现了不切实际、不合时宜的超前消费风，给思想品德尚未定型的青少年造成负面影响。青少年往往富于幻想，不满现状，这时，如果缺乏正确的、有力的思想引导，便会片面地比吃、比喝、比穿、比玩、比派头，形成不良的行为习惯。

（2）部分学校在教育时更多侧重于学科知识传播，而德育相对偏少，且德育中成人化的说教太多，而联系社会实际，切合学生年龄特征的教育太少，特别是在道德规范方面缺乏生动形象的具体指导。这也是青少年群体中出现奢侈浪费现象的主要原因之一。

（3）家庭教育的失误。现在的很多孩子都是独生子女，是六个人围着转的"小太阳""小皇帝"。作为老一辈，他们希望孩子再也不要受他们小时候那样的苦，而新一代的家长把所有的希望都寄托在下一代身上，希望孩子各方面都能出类拔萃，他们花在子女身上吃、穿、玩的费用越来越多，几乎是有求必应。特别是有些经商的家长，还怂恿孩子花钱，崇尚"今日能花钱，将来才能挣大钱"。一些非富裕家庭的孩子，在这种风气的影响下，花起家长的钱一点也不觉得心疼。

（4）孩子的自控力差、虚荣心强。当周围的孩子吃零食，买一些漂亮的玩具或名品时，若孩子自己没有，一次、两次孩子还可以控制，但随着时间的推移和周围人群范围的扩大，他就会忍不住也想踏入这个圈子，最后成为经常向家长提要求的"小赖皮"。另外也可以说，孩子的玩伴对孩子的成长影响非常大。

（5）巫丫九型人格中三号成就型、七号自由型、八号领袖型、火焰四自我型性格的孩子在花钱方面相对不容易有自控力。

解决方案

A 帮助孩子树立正确的金钱观，引导孩子认识钱的意义。家长要让孩子懂得钱是什么，钱是怎么来的。对于年龄较小的孩子，可以联系实际的生活进行讲解；对于年龄较大的孩子，可以就消费的问题进行深入沟通和探讨，这有助于孩子形成正确的价值观。

Ⓑ 培养孩子学会高效益地使用金钱、合理消费。孩子的消费行为是从被动走向主动。从小学低年级起，家长就可以教孩子买东西，学会如何用钱、找零，如何选择物有所值的商品，如何保管钱财，防止丢失和被盗。随着年龄增长，可以让孩子认真思考后再使用金钱，避免盲目消费，也可以让孩子学会记账，让他在实践中学习理财，培养节俭的品质。

Ⓒ 让孩子参加形式多样的生存挑战活动或者财商逆商训练（如巫丫九型小总裁特训营）。例如，用一天时间，让孩子试着转卖一些小商品获得收入，并用自己挣来的钱获得一日三餐。孩子通过这种直接的亲身体验可以深刻认识到金钱的来之不易，并且懂得金钱运作的规律。

Ⓓ 帮助孩子学会积累零用钱。让孩子有计划地使用零花钱，遇到有必要的东西再买。

Ⓔ 教育孩子量入为出。让孩子明白花钱的前提是有经济来源，明白金钱都是用汗水和心血创造出来的，随意浪费是不珍惜劳动成果、不尊重劳动的表现。家长可带着孩子一起劳动，让孩子体会劳动的艰辛。

Ⓕ 家长给孩子做一个节俭的榜样，带动孩子养成节约的习惯。

孩子遇事手忙脚乱怎么办？　二十八

**巫丫九型
答疑解惑**

原因分析

不少孩子都有做事急躁、手忙脚乱的毛病，常常会一不小心就把事情搞砸。孩子为什么一遇事就会急躁、手忙脚乱呢？主要原因如下。

（1）孩子因没有独立性而养成了依赖心理，而依赖心理是急躁个性形成的土壤。有的家长事无巨细都要代替孩子去做，事事姑息迁就，使孩子养成依赖家长的不良习惯。孩子一旦离开家长的怀抱就不知所措，进而常常在学习和生活方面不称己心，急躁个性由此产生。

（2）如果孩子处于低龄期，则容易急躁或手忙脚乱，这是孩子成长阶段所具有的行为表现。

（3）家长所造成的家庭氛围，对孩子的性格形成有着非常关键的影响。当家长容易出现急躁、争吵的现象时，孩子的性格也相对急躁。所以，家长在孩子面前任何时候都一定尽量保持和谐、温馨的状态，不要给孩子带来焦虑和急躁的负面影响。

（4）孩子缺乏认识和对待困难与挫折的能力。孩子的兴趣爱好容易更换，当他对一件事情感兴趣时，常常赋予极大的热情。可是，由于知识的欠缺或是其他原因，结果往往是不得要领而失败，兴趣随之减弱。不久，孩子对另一事物又产生兴趣，由于同样的原因，结果也是失败。如此一而再，再而三，若孩子缺乏面对困难和挫折的能力，加之得不到家长的及时帮助与正确引导，孩子遇事就会烦躁不安。天长日久，急躁个性得以形成。

解决方案

A 培养孩子思维的条理性，让孩子学会管理好自己的时间，提高自己的行为效能。

B 协助孩子制订计划。如果孩子自己做的计划不够理想，家长可以给他提出建议加以改进，同时给孩子充分的肯定，让孩子对自己的计划有信心。家长要鼓励孩子先做有利于目标达成的重要事项；同时，帮助孩子建立合理的作息制度，知道什么时间该做什么事情。久而久之，孩子就会形成一种分先后、轻重、缓急的思维。

C 训练孩子处理事情的条理性。家长可以提出对事情的要求，孩子负责执行（建议尽量先不要让孩子同时执行两个以上的任务，这样会扰乱他的思维，让他不知所措。要等孩子完成一件事情之后再提出另一个要求），从而在行动中一步一步培养孩子执行任务的条理性与沉着冷静处理事情的态度。

D 鼓励孩子积极参与家务劳动。可以让孩子在实践中学习和掌握处理事情的技巧,从而变得麻利熟练,增加信心。

E 家长要以身作则,遇事沉着冷静不慌乱。

二十九　孩子心胸狭隘怎么办？

巫丫九型
答疑解惑

原因分析

心胸狭隘是一种气量狭小的心理和人格缺陷，通常表现为：吝啬小气，斤斤计较，吃不得亏，一吃亏就一定要想办法补偿；不能接受他人的批评，不接受不同意见；不能忍受一点委屈和伤害，否则就耿耿于怀，伺机报复；人际交往面窄，容不下与自己意见有分歧或者比自己更强的人；等等。孩子之所以会心胸狭隘，究其原因如下。

（1）不少家长认为孩子应该赢在起跑线上，过早给孩子进行超越其承受能力的各种补习及教育，孩子除了读书学习外，几乎没有机会与同龄的小伙伴进行交往和嬉戏，让孩子失去了天真烂漫的个性和敞开胸怀拥抱大自然的机会，因而内心自闭，缺乏包容。在实际生活中，这样的孩子几乎很难体谅他人。

（2）家长自身性格不健全，生活中遇事常常斤斤计较，喜欢挑剔指责，心胸狭窄，处处抱怨（巫丫九型人格中一号完美型、正六疑惑型性格的家长容易出现类似行为），孩子长时间耳濡目染，在一些想法和做法上就会成为家长的翻版。所以，要培养心胸宽广的孩子，家长首先要认识自己，改变自己，成为孩子的优秀榜样。

（3）孩子认知范围狭窄，缺乏社会生活锻炼及独立思考能力，内心不自信，往往容易夸大失败的后果，导致心理紧张，偏激狭隘，对人对事充满敌意。

（4）长辈溺爱，对孩子有求必应，孩子就会有很强的自我意识，遇到问题不能正确、客观地分析形势，完全从个人的主观情感出发，缺乏同理心。

解决方案

A 创造机会，让孩子多接触同龄人。最好是让孩子与比较开朗乐观的同龄人一起玩。当孩子在交往中遇到矛盾和纠纷时，家长不可盲目偏袒自己的孩子，要帮助孩子正确评价自己。若孩子与伙伴有了矛盾，家长应引导孩子反思原因，检讨自己的过失，宽容伙伴的缺点与失误。告诉孩子对朋友要以诚相待，即使别人有些小错，也应该原谅。成人要做孩子的榜样，在遇到矛盾或冲突时，要宽宏大量，不计较得失。必要时，可以让孩子体验一下心胸狭窄的害处。

B 带孩子多亲近大自然，游历高山大川，开阔眼界，引导孩子反观自己的个人情感和生活圈是否过于狭窄，是否需要拓宽。

C 家长是孩子的第一任老师，家长的日常言行直接影响孩子性格的形成和完善。要改掉孩子心胸狭窄的毛病,家长必须先优化自己的言行,处处做出心胸开阔的榜样,不在孩子面前谈论他人是非,也不要对孩子传达对某件事情的偏见,同时宽容、善待孩子的朋友。

(D) 家长可以通过角色互换的方式,培养孩子体谅他人的品格。要让孩子站在他人的角度看待问题,以此检讨自己的行为,摆脱内心自私的想法,宽以待人。只有这样,孩子才能渐渐走出自己的小圈子,更好地与他人相处,未来也能更好地适应社会需求。

孩子没有特长怎么办？　三十

巫丫九型答疑解惑

原因分析

一个人的特长是指特别擅长的某一项技能或者技艺。有不少孩子离开了读书和考试就开始变得平庸起来。在相同的条件下，有特长的孩子会比其他人多一些机会，多一些生活乐趣，思想会更丰盈，更容易获得幸福感。孩子天生是一张白纸，家长在纸上留下什么图案，就是什么图案。孩子没有特长，主要的原因有四点。

（1）家长认为没有必要发展个人爱好，过多强调学校的学习课程，而把其他的活动都取消。

（2）孩子性格内向，不敢在集体活动中展示自己，从而无法发现自己的特长。

（3）家长由于缺乏性格心理学的专业知识，在孩子年龄还小的时候没有能力发现孩子的性格优势及特长天赋，或者有发现却因为物质方面的制约，没有条件给孩子创造培养特长的机会。

（4）在孩子意志力不够坚定时，自己的兴趣爱好受到打击。对于比较低龄的孩子来说，一旦他的某个兴趣爱好受到打击，他就会对这项兴趣爱好产生恐惧或排斥。要知道，得不到鼓励的孩子容易失去信心。

解决方案

Ⓐ 家长进行性格心理学的专业学习或对孩子进行性格鉴定，根据孩子的性格优势培养孩子的兴趣爱好，这样做往往事半功倍。

Ⓑ 家长转变只看孩子学习成绩的观念，多带孩子参加一些课外活动，在活动中多观察，从孩子感兴趣的方面找到孩子的天赋。

Ⓒ 尽量给孩子创造条件，培养孩子的特长。比如可以送孩子到相应的学习机构去接受具有专业水平的指导，使孩子的特长如虎添翼。

Ⓓ 鼓励孩子多参加集体活动，在人外有人、山外有山的环境中，让孩子得到展示的机会，体验成就感，并让孩子认识到自己的欠缺之处。

Ⓔ 孩子的特长培养是一个比较漫长的过程，家长需要有足够的耐心等待孩子慢慢成长，并多欣赏及鼓励孩子。不必给孩子太大压力，不必为了专长考试或级别认证而刻意要求孩子。当家长施加的外力过于强大的时候，孩子自愿学习的内在动力就会减少。家长急于求成反而会挫伤孩子培养兴趣爱好的积极性。

孩子没有公德心怎么办?　三十一

巫丫九型答疑解惑

原因分析

公德是指一个国家、一个民族或者一个群体长时间形成的一种在公共场合中的道德准则。违反这些准则,就是缺乏公德心,如在电梯内闹腾、在公众场合喧哗、抢公车座位、高铁霸座、插队、随地吐痰、乱扔垃圾等行为都属于缺乏公德心的表现。孩子缺乏公德心,主要原因如下。

(1) 受社会环境影响,认为讲公德会吃亏,自私自利是聪明行为。

(2) 家庭教育中的公德教育不及时或者不足。

(3) 成人不讲公德行为的不良示范。

解决方案

A 在中小学生中以各种形式实施爱祖国、爱人民、爱劳动、爱科学、爱社会主义的"五爱"教育。

B 家长根据孩子的年龄特点,让孩子在实践中体验有公德、讲文明的环境和公德缺失的环境的区别。选择合适的内容和方式对孩子进行遵守公共生活规则的教育,让孩子知道维护公共秩序是为了让所有人生活更便利,环境更文明(巫丫九型人格中一号完美型、二号助人型、六号疑惑型、九号和平型性格的孩子比较容易遵守社会规范)。

C 家长引导孩子关心公益事业,培养孩子的社会公德,拓宽孩子的格局。

D 家长以身作则,在与孩子参与社会生活时,用行动体现公德心,正面影响孩子。

孩子任性怎么办?   三十二

巫丫九型答疑解惑

原因分析

孩子会任性,最大的影响因素是成长环境。

(1)家长过分娇惯和迁就。在很多家庭中,家长都把孩子放在中心位置,百般疼爱。在孩子提出不合理要求时,家长也不忍心拒绝他们,没有耐心引导他们甄别并放弃不合理的要求,而是放任、迁就他们。慢慢地,孩子就会形成骄纵任性的心理以及行为定式。

(2)孩子对他人的模仿。当几个孩子在一起时,如果一个孩子出现了任性的表现并且取得了不错的"战果",其他孩子就会进行模仿。

(3)因为逆反而促成任性。孩子的自制力还没形成时,都是按照自己的想法说话做事。一种家长不懂孩子的性格,无法了解孩子内心真实的想法,而是以自己的角度来看待孩子、误解孩子,甚至用粗暴的态度伤害孩子;另一种家长对孩子要求非常高,若孩子无法达到自己的要求，就会加以训斥；还有一种家长很少关注孩子的优点，对孩子的缺点和不足却"明察秋毫"，并且极少表扬，总是以批评指正为主（如一号完美型家长、五号智慧型家长、六号疑惑型家长等）。这三种家长错误的教育方式都会导致孩子产生严重的逆反心理，从而产生行为的任性与对抗。

（4）巫丫九型人格中四号自我型、七号自由型、八号领袖型性格的孩子相对容易任性。

解决方案

Ⓐ 家长需要反省并改变自己的教育方式，在充分了解孩子的性格及内心真实想法的前提下，把培养孩子成熟的心智和健全的人格作为教育目标及方向。对孩子要不娇惯，不放任。例如，当孩子提出无理要求时，家长要在充分理解孩子的基础上，引导孩子衡量满足这个要求需要付出的代价和所得到的益处。要培养孩子学会对选择进行利弊分析，而不是盲目任性。

Ⓑ 培养孩子自我约束的能力。家长要在理解孩子任性想法的基础上，给予行为上的约束。比如吃饭的时候，孩子发现餐桌上没有自己喜欢吃的菜，拒绝进食。这个时候家长可以告诉孩子，菜已经做好，不能浪费。如果孩子还是不吃，那就让他饿着，也别让他吃什么零食，他饿了自然会吃。

Ⓒ 当孩子由于要求没有得到满足而发脾气时，家长可以先冷处理，不要在孩子面前表露出心疼、怜悯或迁就，更不能和他讨价还价。可以采取回避的方法，暂时和他保持一段距离（在确保

孩子安全的前提下）。当无人理睬时，孩子自己会感到无趣而做出让步。事后，家长可给孩子分析这种行为的利弊，并引导孩子学会体谅家长的不易。

Ⓓ 攻心为上，家长首先要有正确的教育理念及良好而坚定的心理状态。不要认为拒绝孩子会造成伤害，相反，孩子任性时家长坚持原则恰恰是对他最好的教育。要想培养一个坚强独立的孩子，在面对孩子最初的不合理要求时，家长一定要控制住心软，学会坚定地拒绝。

三十三　孩子对人冷漠怎么办？

巫丫九型
答疑解惑

原因分析

有人做过调查，相当一部分孩子没有感觉到家长对自己的爱，有的还撇嘴说："照顾我算什么啊，谁让他们是我的爸爸妈妈呢，这是他们应该做的。"听到孩子如此冷漠的回答，作为家长感受如何呢？一个不懂得爱的孩子，长大后没有家庭的庇护，在社会上是难以立足的。如果你爱孩子，一定要让他在力所能及的时候，开始学习爱家长及周围的人。这绝非家长让孩子回报自己的自私，而是为孩子一世成长着想的远见。因为在一个集体中，孩子对人太冷漠，对集体的事情不重视，会很容易成为集体里最不受欢迎的人，别人都会远离他、孤立他。步入职场后，若总是以自我为中心，不考虑别人的感受，将很难与同事和上级领导保持融洽的关系，从而使事业发展受阻。那么，孩子对人冷漠的原因是什么呢？

（1）家长过分注重智力培养，看重学习成绩，忽视孩子人格品质的养成，如爱心、同情心、同理心。

（2）家长自身为人比较冷漠，孩子容易耳濡目染，模仿家长的言行举止。

（3）家长对孩子要求严苛，没有给孩子应有的关爱和尊重，甚至把孩子当成泄愤的对象，经常指责甚至体罚孩子，孩子就会渐渐变得冷漠。

（4）家长缺乏和孩子沟通的耐心，让孩子觉得被家长忽视，心生距离感，因而亲子关系淡漠。

解决方案

Ⓐ 了解孩子的性格，并采用适合孩子性格的方法进行沟通，尊重孩子，让孩子充分表达自己的见解。切勿盲目用家长的身份压制孩子的真实感受。只有家长与孩子共情，才能达到良好的沟通效果，并让孩子内心有安全感和归属感。

Ⓑ 家长需要转变只注重智力培养而轻视人格培养的观念，培养孩子的同理心、同情心、感恩心。

Ⓒ 家长以身作则，对孩子付出更多时间，给孩子更多有质量的陪伴。要在日常生活中培养孩子爱的能力。只有孩子内心温暖，才会爱自己，也能爱他人。

Ⓓ 经常带孩子参加一些户外集体活动，在实践中教育孩子团结互助，与人和谐相处，培养共赢意识。

Ⓔ 对孩子的成长要有足够的耐心，对待孩子要有更多的赏识、关怀与温暖。孩子生活在充满爱的世界里，才能拥有爱他人的能力。

三十四 孩子做事总是虎头蛇尾怎么办？

巫丫九型答疑解惑

原因分析

有的孩子做事情的兴头来得快，遇见问题后兴头去得也快，有头无尾，有始无终。这就是虎头蛇尾的行事习惯，三天打鱼两天晒网，这样下去，孩子的意志力和责任心都不会得到很好的锻炼，很难走向成功。为什么孩子会有虎头蛇尾的处事方式呢？

（1）家长包办太多，孩子在平时没有得到意志力和责任心方面的锻炼，遇到问题不想自己努力去解决，而是习惯性地求助家长。

（2）在面对困难的时候没有得到及时的引导和鼓励，孩子感到不知所措，没有努力的动力和方向。孩子认为自己做不到，干脆等家长来善后。

（3）家长交代了超过孩子能力的事情，孩子完不成，受挫感强，进而产生畏难心理。

（4）孩子性格过于跳跃，思维发散，注意力不集中，责任心不够强（如巫丫九型人格中的四号自我型、六号疑惑型）。

解决方案

Ⓐ 家长耐心指导孩子处事的方法,但不代办。

Ⓑ 在孩子遇到困难时,鼓励孩子独立去解决,即便失败了也不要批评指责,要帮助孩子总结失败的原因及改善的方法,给孩子多一些尝试的机会,增强孩子抗挫的韧性和耐性。

Ⓒ 通过日常生活中的小事,锻炼孩子做事有始有终。家长需要给孩子树立一个好的行事榜样,提供一件事情完成的参考标准,让孩子知道这件事做到什么程度才算是完成了。

Ⓓ 可以有针对性地训练孩子的注意力,方法参考本书的第四个问题。

Ⓔ 培养孩子的责任心。家长可以郑重地把家里的一些事情交给孩子做,并且把每天需要做的事情列表,每完成一件事情就打上已完成的标记。这样孩子的责任意识将逐步增强,克服困难的勇气也一点一点地增加。

Ⓕ 若孩子的性格是四号自我型,虎头蛇尾的内在原因有可能是理想主义,即当事情的进展达不到孩子预想的那么美好时,孩子有可能自暴自弃而直接放弃。这时,家长要教育孩子接受现实的不完美,并支持孩子在不完美的基础上进行完善及改进。若孩子的性格是七号自由型,虎头蛇尾的内在原因有可能是对外界诱惑的定力不够。因此,在七号自由型孩子做事时,应尽量为孩子提供一个简单宁静的环境,并且通过一些方法帮助孩子把枯燥的事情处理得更富有乐趣,从而培养孩子持之以恒的处事态度。

三十五 孩子不主动和家长沟通怎么办？

巫丫九型
答疑解惑

原因分析

要让孩子愿意主动和家长沟通，至少应有的前提是亲子关系良好，家庭氛围和睦。在家庭中，更多的交流方式是家长总是站在自己的立场上，姿态居高临下，不能与孩子平等交流。我们来看看孩子不爱主动和家长交流的几个原因。

（1）孩子觉得和家长没有共同话题，所以不想说。

（2）孩子性格的原因。有的孩子思考比较多，话比较少（如巫丫九型人格中的五号智慧型）。

（3）家长对孩子的引导比较少，孩子不知道怎么跟家长交流。

（4）家长长期用负面言语教导，对孩子评价过低，指责过多，极少给孩子表达自己想法的机会，引得孩子逆反，导致孩子不愿意主动与家长交流。

（5）家长过于强势。孩子认为家长根本不关心、不理解自己，从而不愿与家长交流。

（6）对于孩子的表达，家长没有认真和耐心地倾听。家长总想掌控谈话的主动权，孩子会感到不公平、没有意义，导致交流不顺利。

解决方案

A 了解孩子的性格，站在孩子的角度去思考问题，和孩子沟通时保持一种平等的关系。只有与孩子产生共情，才能走进孩子的心，孩子才会愿意与家长进行下一步的沟通。

B 家长学会控制自己的情绪，不让自己的负面情绪影响与孩子交流的语气、语速和语调。孩子只有心情放松，才会感受到交流的和谐氛围，才会娓娓道来。

C 把握好与孩子说话的时机。家长总是希望尽量了解孩子内心真正的想法，但家长也有自己的烦恼和事务，若孩子开口的时间正碰上情绪低落或忙于处理事情的时刻，就没有精力去探究孩子讲话的用意和弦外之音。其实，这时不妨停下来和孩子交流一下自己的困惑，一方面缓解自己的压力，另一方面让孩子感受到家长的重视和尊重，让孩子觉得自己和家长是平等的，可以与家长分担压力。然后再鼓励孩子继续他的表达，并表示会用心倾听。

D 创造和孩子交流的机会。比如餐桌上、购物中、劳动时，都可以交流。谈话不一定要达到什么目的，也不用拘泥于形式和内容，只要对孩子表达的欲望给予充分的满足，就会给孩子带来放松和宽慰。

E 切勿用攻击孩子人格的语言来与孩子沟通，比如"你怎么笨得像头猪啊"这样的恶毒语言。即便孩子再有错，家长也不能如此。孩子内心并没有很强大，亲人的攻击性语言一旦伤害到孩子，将对孩子的一生造成负面影响。

F 引导孩子多和家长交流，家长在倾听的时候用一些简短适当的语言嘉奖倾诉的效果。例如，"你的想法值得一听。""你有权表达你的感受。""我们只是探讨一下不同意见。""我想更多地了解你。"对孩子的表达及时给予反馈，甚至是重复孩子的话，都会让孩子感受到被尊重、被关注和被重视。

G 耐心倾听孩子讲话，不要轻易打断。孩子偶然会表达一些无关紧要、临时性的观点，这时可以不用跟孩子较劲。在家庭中培养良好的沟通模式，避免指责和挑剔，是治标治本的良策。

H 家长多了解孩子在不同年龄段的心理特点，学习一些沟通技巧，可以让亲子交流更顺畅。

孩子盲目追星怎么办？　三十六

巫丫九型答疑解惑

原因分析

（1）家长对孩子要求过高，过于苛责，喜欢拿别人家的孩子来对比，无形中对孩子的自尊造成伤害。孩子仰慕明星的光彩及受人追捧，以此安抚内心的缺失；而且孩子看见明星的公众形象那么美好与亲和，他们会想象明星一定也很能理解自己的内心。

（2）同学或朋友都追星，孩子于是盲目跟风。一些孩子原本不想追星，为了跟其他追星的孩子有更多共同话题，就跟着一起追星。

（3）孩子心智不成熟，知识面不宽，社会经验不足，缺乏思考和判断力，看待问题肤浅，因此，无法看到明星被追捧现象背后的实质，容易被华丽的外表和所谓的人气流量吸引，盲目崇拜。

（4）当代网络共享发达，网络上的信息良莠不齐。某些明星为了博眼球、引关注，制造一些真假难辨的话题，引起一些网络媒体关注和广泛传播，给孩子制造大批阅读流量。

解决方案

Ⓐ 家长对自己的孩子要有充分的理解,明白孩子也需要有精神慰藉和自我认可。孩子在 6 岁至 12 岁时,正处于自我认知的重要阶段,这个时期特别需要得到家长和老师的肯定和赞扬,否则容易把自己这种渴望得到关注的心理投射到受人仰慕的明星身上。所以家长平时要多发现孩子的优点,多加鼓励和肯定,让孩子的精神得到慰藉,自我认可得到增强。

Ⓑ 家长采取多种形式帮助孩子拓宽知识面,如阅读书籍、观看社科类节目、旅行等,让孩子多方面学习社会生活经验,从而提升孩子的思考能力和判断力。

Ⓒ 家长帮助孩子培养良好的媒介素养,引导孩子远离一些非理性的网络争执,提升鉴别真伪的能力,防止孩子在网络上发表一些不理智的言论。

Ⓓ 利用榜样的力量,让孩子崇拜多个领域的"明星"。家长可以抽出时间陪孩子一起去亲近历史、亲近英雄,引导孩子了解更多的科学之星(功勋卓著的科学家)、文化之星(文学和思想方面的名家)、劳动之星(为社会经济做出突出贡献的知名劳模或改革者)。应让孩子把富有责任感和能够创造有价值文化的楷模当成成长的参照以及心灵依托,帮孩子把对这些榜样的崇拜转化成孩子的自我激励。当各种"明星"都在孩子心底闪耀时,就算孩子仍然崇拜自己喜欢的娱乐明星,也不会有大的危害。

Ⓔ 和孩子一起理性追星。孩子追星有时候只是出于天真和一时的激情,家长对孩子喜欢的娱乐明星发表一些客观的评论,可以对孩子的人生观和价值观产生潜移默化的作用。不可简单粗暴

地撕明星照片、宣传资料等，这样只会引起孩子的反感，效果适得其反。不如抽空和孩子探讨一下他喜欢的明星有哪些优秀的品质，或者收集一些明星参与公益活动的影像资料与孩子一起观看，拉近与孩子的距离，建立感情连接，从而进一步引导孩子一分为二地看问题，明白到底该追明星的什么方面，筛选正向与积极的价值，渐渐脱离盲目崇拜。

三十七 孩子陷于虚假勤奋怎么办？

> 巫丫九型
> 答疑解惑

原因分析

有的孩子学习效率低，即便挑灯夜读也成绩不佳，努力而无效，进而大大挫伤孩子学习的积极性。究其原因，主要如下。

（1）学习的目标不明确。因为孩子的学习目标不明确，动力不足，所以学习时不用心，浮于表面，看起来是在读书或者写作业，其实是在逃避和敷衍。

（2）孩子学习习惯不好，自控力差，听课注意力不集中，写作业不认真。

（3）孩子学习方法不对，效果差。

（4）孩子的性格浮夸，善于察言观色却不够沉稳踏实，有"小聪明"（如巫丫九型人格中的三号成就型、火焰四自我型及七号自由型）。孩子既想用认真学习的态度与表现讨好家长，又不想真正沉下心来面对学习。其实，虚假勤奋掩盖的是真正的懒惰。

（5）孩子缺乏自信，有畏难情绪。

（6）不和谐的家庭环境和成员关系，使孩子内心不安定，无法集中注意力，影响孩子的学习效率。

> **解决方案**

Ⓐ 家长帮助孩子根据实际情况制定学习目标，可以细分到每月、每周甚至每日，纠正孩子毫无目标的敷衍态度。

Ⓑ 合理分配学习时间，交替学习不同学科，让大脑得到合理休息，提高学习效率。

Ⓒ 家长及时对孩子的每个小进步给予肯定和鼓励，增加孩子的自信，以便克服畏难情绪。

Ⓓ 培养孩子的自控能力，明白学习是自己在这个年龄段需要做的事情，让孩子养成处理自己生活琐事的能力。

Ⓔ 帮助孩子学会诊断自己的学习情况，知道哪些知识是自己擅长的，哪些知识是自己已经掌握的，哪些知识是自己掌握得不够好，需要补充学习的。如果孩子做了不少同类型的题目，而这些题目所需要的知识是孩子早已熟练掌握了的，那么哪怕做了很多遍，也并不能帮助孩子提升学习能力。没有目的性与针对性地做题及学习，不如针对自己的不足进行查漏补缺。例如，为孩子准备一个错题本，在做题的时候让孩子收集自己的错题，然后针对错题本里面的题目反复揣摩，并找来相关或者类似的题目练习，争取做到举一反三、触类旁通，掌握知识要点，这样学习效果会更好。

Ⓕ 帮助孩子找到适合自己的学习方法。首先要敢于尝试，善于总结，帮助孩子将自己日常学习活动中的有效做法与经验总结

提炼成自己的学习方法；其次是他山之石，可以攻玉，鼓励孩子向成绩优异的同学学习，借鉴别人的成功做法，促进自己学习方法的改进与学习能力的提升。

　　G 家长有义务营造温馨和谐的家庭氛围，让孩子在安心的环境下学习，这将有助于提高孩子的学习效率。

隔代教育存在问题怎么办?

巫丫九型答疑解惑

隔代教育可能出现的教育问题

（1）老人容易过分宠爱孩子，以至于事事代劳，处处迁就，导致孩子出现任性、生活自理能力低下等问题，不利于孩子的成长。

（2）父母是孩子最重要的亲人，若没有足够的时间陪伴孩子，会造成与孩子之间的隔阂，容易使孩子产生一种被父母抛弃的心理阴影。

（3）如果孩子从小习惯了得到老人的袒护和迁就，养成了一些父母看不惯的行为习惯，那么父母急于纠正孩子的行为时，就容易因为教育观念不同而与老人产生对立情绪，从而引发家庭矛盾。

（4）部分老人的教育理念比较落后，对孩子心理发展的特点缺乏正确的认知，易在无形中给孩子设置枷锁，导致孩子缺乏独立自主、积极开拓和创新的精神，对孩子的个性发展产生负面影响。

解决方案

A 因材施教在中国提倡了两千多年,但是真正能够做到的家庭寥寥无几。对待孩子正确的教育理念应该是基于对孩子性格的了解,培养孩子拥有强大的内心及健全的人格。当老人溺爱孩子,一味顺从孩子的时候,孩子父母要主动和老人进行有效而理性的沟通,统一教育理念,并确保充分落实。

B 隔代教育只能作为亲子教育的补充,决不能替代亲子教育。老人和孩子父母都要明确自己的职责,孩子的父母应承担子女抚养和教育的主要责任,同时也要尊重老人。作为老人,应在教育上服从孩子父母。家庭成员之间应相互尊重,充分沟通,统一思想,各司其职,避免家庭矛盾。

C 孩子父母对老人在隔代教育中的积极作用要给予肯定和充分感恩,营造和谐的家庭环境,以安定孩子的内心。

D 如果孩子情况比较特殊或者家长陪伴孩子的时间比较少,可以求助家庭教育专家,根据孩子的性格制订性格健全培养计划,使孩子达到身心健康、学习与心理共同进步,得到真正意义上的成长。

E 有条件的家庭可以让老人、孩子父母及孩子共同学习巫丫九型性格心理学专业课程,使老人与孩子父母共同了解孩子的性格,在培养方向上迅速达成一致,从而为孩子身心的健康成长提供优质的环境。

已经确认孩子有早恋的情况后怎么办？ 三十九

巫丫九型答疑解惑

原因分析

早恋指的是未成年男女建立恋爱关系或对异性感兴趣、痴情或暗恋。早恋一般指未进入大学的青少年之间发生的爱情。发生早恋的主要原因如下。

（1）青少年生理上的早熟促使性心理早熟，于是开始留意异性并产生好奇和好感。

（2）家庭亲子关系较淡，家长与孩子缺乏沟通，孩子在生活上有孤独寂寞感，一旦找到有共同话题或有吸引力的异性，便在心理上找到依托，根本不会考虑恋爱结果。

（3）家庭氛围不和谐，父爱或者母爱缺位，孩子更渴望得到别人的关心与重视，或者家长不懂孩子，孩子内心孤独，容易通过恋爱的方式获得心理安慰。

（4）家长角色缺位，父亲没有尽到理智、客观、制定目标和积极执行的责任，母亲没有尽到温柔、爱与奉献的责任，使得孩子在家庭中没有获得清晰的性别角色意识。

（5）相互攀比的心理激发了早恋行为。有些孩子受到同学或者朋友的影响，为了不失面子而盲目跟风，加入早恋的行列。

（6）社会大环境的影响。大量成人化的图书、影视节目、短视频等给孩子的思想行为带来巨大冲击，不少孩子盲目模仿图书、影视节目、短视频的情节，因此早恋。

（7）学习压力大，社交范围窄，兴趣爱好太少，也是青少年早恋的原因。

解决方案

A 在生活细节上充分尊重和关心孩子，正面疏导。家长要了解孩子早恋的心理因素，在这个基础上取得孩子的信任，以关爱的态度来亲近孩子。

B 作为孩子生活道路的引路人，家长与孩子沟通的时候应采取平等而真诚的态度，以朋友和参谋的身份晓以利害，帮助孩子处理好恋爱关系，降低早恋带来的负面影响。家长应以过来人的身份去帮助孩子排除困扰，态度要真诚，从而帮助孩子重新摆正自己的位置，培养他们追求理想的信心。

C 家长不应过于焦虑，不妨先接受孩子的早恋，并主动邀请对方来家里做客，参与家庭活动。只有知己知彼，才能更具有针对性地采取措施。家长可以引导他们做出对未来生活的规划，比如想得到什么样的未来生活，为此目前学习方面需要达到什么样的要求，激励早恋中的孩子找到共同目标并为之奋斗。

D 营造温馨的家庭氛围,即便无法做到夫妻和睦恩爱,也尽量不要在孩子面前出现夫妻关系紧张的情况,把应该给予孩子的爱和责任都给孩子。要做到即使夫妻感情不好,也不影响与孩子之间的亲子关系。

四十　孩子不懂感恩怎么办？

> 巫丫九型
> 答疑解惑

原因分析

（1）孩子被溺爱。不管是否合理，孩子父母或其他长辈对孩子有求必应。家庭的资源分配都向孩子倾斜，让孩子拥有本不该拥有的资源和特权。如果孩子的需求和喜好被放大，就会逐渐养成以自我为中心的性格。

（2）孩子缺乏同理心。

（3）巫丫九型人格中三号成就型、四号自我型、七号自由型、八号领袖型性格的孩子，更容易忽略他人的感受，以自我为中心。

解决方案

A 家长不要对孩子太好，也不必对孩子有求必应，不要让孩子感觉东西来得太容易。家长首先要考虑孩子的要求是否合理，如果不合理，需要做到坚决拒绝，并且跟孩子说明为什么不合理，给孩子经受挫折的机会。即便合理，也可以酌情考虑延迟满足。

Ⓑ 家长要学会放手，不要事事替孩子准备周全。不妨留一点不完备的地方，让孩子产生求助的需要，从而在受到帮助后产生感激之情。由自身推及他人，孩子的心灵会变得越来越宽广和温暖。

Ⓒ 家长要言传身教，对老人在家庭的付出表示感恩。如果家中有老人在，平时有好的东西要优先给老人挑选，逢年过节要给老人送礼物；如果老人离得比较远，也要经常打电话嘘寒问暖，并抽空去看望老人。要让孩子知道家长对自己有爱，对家长的家长也有爱。可以说，身教的力量远远大于言传。

Ⓓ 巧用节日，把握感恩教育时机。每年的父亲节、母亲节、重阳节等节日都是对孩子进行感恩教育的最好时机。

Ⓔ 注重细节，常怀感恩之心。家长要时时处处注意细节，积极引导，使孩子常怀一颗感恩之心。要经常教育孩子，比如："别忘了对帮助过自己的同学和老师说声谢谢。""别忘了给为自己做饭的奶奶捶捶背。""别忘了把喜欢的东西和大家分享。""别忘了给美丽的花儿浇水。"

Ⓕ 启发孩子在面对朋友的感情需求时，学会倾听，以真诚的态度走进对方的内心世界。学会站在别人的角度思考问题，将心比心，由此获得更加完整的人生体验，进而在未来应对复杂的局面时游刃有余。

Ⓖ 对于巫丫九型人格中三号成就型、四号自我型、七号自由型、八号领袖型性格的孩子，家长可以带着去做公益活动，也可以为身边的人做力所能及的小事，然后让孩子接受被帮助者的感

恩及赞美，让孩子体会付出后被感恩的感受，进而带孩子思考，在生活中，哪些人为我们付出过，我们该如何表达感恩，帮助孩子在"心动"与"行动"中拥有感恩的心态及能力。

孩子应变能力差怎么办? 四十一

巫丫九型答疑解惑

原因分析

应变能力是指人在外界事物发生改变时做出反应的能力。应变能力强的人,可以在面对突发情况时做出妥当的处理。孩子应变能力差的原因如下。

(1)孩子在成长过程中遇到问题时,长期由家长包办,孩子缺乏独立处理的历练。

(2)孩子的生活被安排得过于刻板、单调。

(3)孩子的性格相对保守、被动、害羞、胆怯或容易紧张(如巫丫九型人格中的正六疑惑型及九号和平型)。

解决方案

A 家长可以根据经验,在日常生活中多问孩子一些比较常见的问题,这么做是为了让孩子有思考的空间,让他在处理问题之前有独自思考的过程。这样在面临问题的时候，孩子就能够较为从容地应对。

B 家长要适度放手，让孩子独立面对问题，必要的时候可以帮忙，但不能全部替代处理，要让孩子自己寻找解决问题与困难的办法。

C 理解孩子对外界事物的好奇心，适当让孩子参加一些具有挑战性的活动，引导孩子在探索的过程中独立、积极地解决自己遇到的问题。孩子努力解决问题的过程，就是增强应变能力的过程。家长要让孩子在实际训练中提升应变能力，这比只是讲道理有效多了。

D 鼓励孩子多与同学和其他小伙伴一起玩。在一个小团体内，孩子可能会遇到各种各样的问题，这就需要有一定的应变能力才能解决。要让孩子学会应对各种各样的人，这也是一个有效提高应变能力的实践过程。

E 在每次孩子独立处理完事情后，家长要引导孩子做自我总结，分析这么处理的优缺点，让孩子养成事后总结的良好习惯，这样今后若是遇到类似的情况，孩子再着手处理，应变能力就会强很多。

F 对于巫丫九型人格中正六疑惑型及九号和平型性格的孩子，平时在处理事情时，家长要多肯定及鼓励孩子，孩子会因此而更加主动积极和勇敢。另外，这两种性格型号的孩子容易受到环境的影响，可以鼓励孩子多与一些应变能力强的同伴进行人际交往，如三号成就型、火焰四自我型、七号自由型、八号领袖型性格的孩子。当孩子与这些性格型号的孩子共同处理突发事项时，可以指导孩子留意并学习同伴们处理事情的灵活性，从而很好地帮助孩子提升应变能力。

孩子爱管闲事怎么办?　四十二

巫丫九型答疑解惑

原因分析

爱管闲事未必是坏事,这表明孩子思维活跃,性格外向,善于表达自己的观点和看法。更重要的是,这表明乐于助人的想法已经在他心里扎根。孩子对新奇有趣的事物很感兴趣,见到别人有困难,孩子会觉得很新鲜,忍不住出于好奇去管闲事,这也是求知欲旺盛的表现。所以,从积极因素来看,管闲事能锻炼孩子的观察能力、分析能力和判断能力。需要注意的是,孩子未必知道自己的能力,所以不自量力地管闲事反而帮倒忙,破坏人际关系,还占用孩子的精力和时间。因此,家长要充分了解孩子爱管闲事的心理诱因,因势利导,引导孩子正确地管闲事。孩子爱管闲事主要有以下原因。

(1)孩子想要帮助别人,但对自己的能力认知不足,并且不知道对方真正的需要。

(2)孩子并不是想要帮助他人,只是想借这个理由来满足自己支配和控制他人的欲望而已（如巫丫九型人格中的八号领袖型）。有研究表明，太爱管闲事的孩子，有时候比较难被人接纳，从而影响与他人的关系，导致他的学习比较落后。

（3）孩子通过管闲事来表达一种自身的社交需求。孩子天性活泼好动，如果没人和他交谈、交往，他就会觉得寂寞、无聊，所以他要想办法和人交往，而管闲事常常会替他找到交往的对象（如巫丫九型人格中的二号助人型、三号成就型、八号领袖型）。

（4）孩子希望通过管闲事来获得他人的认同和好感，证明自己有能力、有价值，从而获得更多关注。

解决方案

A 家长要以好奇的心态去倾听孩子讲解事情的经过，关注孩子的感受，站在孩子的角度去获得与孩子的共情。如果孩子是出于乐于助人的心思管闲事，家长应给予肯定。同时也需要时刻提醒孩子，在与他人交往的过程中要保持一个度。毕竟个人精力是有限的，整日纠缠在朋友无谓的纷争中会影响学习。家长尤其需要提醒孩子，对于力所不能及的事情，不要随便允诺帮忙，否则会给自己与家人带来超出承受能力的负担。

B 家长要带着孩子接触更多的社会生活，让孩子通过对社会生活的观察，获得对"闲事"的界定，明白如何妥当地管闲事。家长不否定孩子的管闲事行为，是为了保护并激发孩子的正义感和求知欲。但是，这不等于什么事情都可以由孩子来管，而是应当教育、引导孩子多管周围值得管的事。因此，在日常生活中，家长要多鼓励孩子观察生活，如大自然的季节变化、动植物的生长过程等，引导孩子思考生活中的问题，提高其认识能力和对美的追求。同时，还要让他学会关心家人，这样，道德品质和认知水平得到提高后，孩子就不会在管闲事时出现偏差。

Ⓒ 指导孩子正确结交朋友，认知自己的能力范围，学会把握帮助朋友的限度，不能总被朋友的不合理要求束缚，整天帮助闯了祸的朋友处理、善后。

Ⓓ 教育孩子在管闲事之前，先将自己力所能及的事情做到更好。只有爱自己的人，才更有能力爱他人。当自己做出榜样后，才有更多的时间与精力去管闲事，并且因为以身作则，管闲事的影响力与效果会更好。

四十三　孩子患自闭症怎么办？

巫丫九型答疑解惑

原因分析

如果孩子患了自闭症，那么孩子的内心是封闭的，外在表现是内向，不愿意与外界交流，到陌生环境见到陌生人就会觉得很害怕。孩子患自闭症，主要有以下原因。

（1）来自家族遗传。家族中其他人患有自闭症的，有可能会遗传给孩子。

（2）孩子在成长过程中，若长期处在一个较为单调和孤单的环境中，就容易导致孩子不会与外界交流。当生活中没有任何人跟他交流时，他的大脑就不活跃，对外界的兴趣度就会下降。

（3）家庭环境缺失温暖和爱。家长过于严苛刻板，拘束孩子，对孩子冷漠，导致孩子没有感受到家长的关爱和家庭的温暖，渐渐变得不爱说话，不愿与外界沟通。

（4）生理方面的问题也有可能导致自闭症。例如，当人的免疫系统出现异常时，细胞数量就会减少，对外界的抵抗能力就会下降，容易导致人患上这种疾病。又如，当大脑受到伤害的时候，容易造成神经系统不敏感，从而有可能出现自闭症。

解决方案

Ⓐ 家长要有更多的耐心陪伴和关爱孩子。相对来说，孩子对家长的戒备心较小，家长可以以此为突破口，慢慢鼓励孩子表达自己的想法。

Ⓑ 家长多带孩子到人多的地方。比如去旅游胜地参观游览，亲近自然，让孩子的心情在广阔的天地间得到放松。或者看球赛，参加公益活动，让他多接触一些人，感受生活的丰富多彩。

Ⓒ 邀请邻居或者亲戚家的同龄小孩来家里做客，让孩子在熟悉的环境中接触更多的小伙伴，鼓励他和小伙伴一起玩，与他人建立友谊。

Ⓓ 引导孩子学会勇敢。平时可以找一些关于英雄的书籍、影视节目和孩子一起看，交流感受。时间久了，孩子的性格会慢慢发生改变，并懂得让自己变得更加勇敢和优秀是多么美好的事。

Ⓔ 鼓励孩子做自己喜欢做的事。为了让孩子的心情得到放松，家长可以在旁边耐心陪伴，并可以以此为契机和孩子进行更多的沟通。

Ⓕ 巫丫九型人格中五号智慧型性格的孩子在小时候会有自闭倾向，但孩子在逻辑推理及思维能力方面有强项。对于五号智慧型孩子，家长可以进行科技、数据、围棋等方面的专长培养，这样孩子在发挥自己特长的时候，更容易用语言表达自己或展现自

己的内心。

    Ⓖ 自闭严重的孩子需要专业的心理干预和康复训练。比如对于一个因自闭引起语言障碍的孩子，如果想要得到改善，那么只有找专业的医生做自闭症康复训练了。自闭症目前并没有特效药，所谓的康复训练其实就是不断重复一句话、一个动作，直到患儿学会为止。这项工作是非常烦琐的，也许几个月都只能重复一句话。训练是改善自闭症的最有效方法，家长不要恐慌，要知道坚定的信念、持之以恒的耐心与爱将会给孩子的成长带来极大的力量。

孩子缺乏时间观念怎么办？ 四十四

巫丫九型答疑解惑

原因分析

（1）家长没有在孩子幼小时给孩子灌输做每件事要花费多少时间的概念。

（2）家庭成员中有人作息不规律，孩子耳濡目染。

（3）家长没有教孩子明白时间的价值。

（4）孩子的性格散漫而随性（如巫丫九型人格中的四号自我型及七号自由型）。

解决方案

为了让孩子更好地适应社会，家长应帮助孩子强化时间观念，更合理地利用和安排时间。善于利用时间的人，会成为时间的主人，办事会更高效。

A 家长要教会孩子认识钟表，让孩子对时间有个初始的概念。可以和孩子玩计时游戏，比如今天穿鞋子用了几分钟，有没有比昨天更快等。

Ⓑ 家长以身作则，在家有规律地作息。家长要想孩子高质量、高效地完成一件事情，就应和孩子一起制定作息时间表，安排好什么时间起床，在什么时间之内要完成洗漱、吃完早餐等。只有把作息时间固定下来，形成习惯，才能让孩子对时间有个明确的认知，从而在做事情的时候更加专注和上心。

Ⓒ 在执行任务时，家长要指导孩子按照任务的轻重缓急安排顺序，即重要而紧迫的事情（如考试、测验）、紧迫但不重要的事情（如家庭作业）、重要但不紧迫的事情（如提高阅读写作能力）、既不重要也不紧迫的事情（如果时间不允许，可以不做）。这样能帮助孩子分清事情的重要程度，合理安排时间，保证把重要的事情都按时完成。

Ⓓ 教会孩子正确认识时间的价值。可以举一些知名人士珍惜时间、利用时间而获得成功的例子。孩子都爱听故事，家长可以用讲故事的方式帮助孩子强化时间观念。

Ⓔ 给孩子一个固定的玩的时间。在这个时间段内，孩子可以自由支配时间，做自己喜欢的事情，家长不用干涉孩子做什么。只有他痛痛快快地玩了，才会比较愿意开始较长时间的艰苦学习。过了玩的时间，家长就要提醒孩子该踏踏实实地学习了。

Ⓕ 对于没有较强时间观念的孩子，家长不要在他学习的时间造成任何干扰，让他专注学习。家长要在孩子学习结束后进行检查，一是看孩子是否按规定时间完成学习，二是看完成的质量。如果孩子能在规定时间内完成，家长要及时给予肯定和鼓励。如

果孩子因拖延而超出规定时间，则可以给予相应的惩罚。

　　G 教孩子定期检查时间的利用效果，看是否有浪费时间。在日常生活中，可以每天对照作息时间表，做个睡前总结，看哪些做到了，哪些没有做到，为什么没有做到，是哪个环节浪费了时间。这样可以引导孩子减少对时间的浪费，每天按计划完成任务。

四十五　孩子缺乏同理心怎么办？

> 巫丫九型
> 答疑解惑

原因分析

同理心是指能设身处地地对他人的情绪和情感进行认知和把握，就是俗话说的换位思考、将心比心。孩子没有同理心，原因主要如下。

（1）家长溺爱孩子。在这样的环境中，孩子很容易产生错觉，觉得全世界都是围绕着他转的，凡事都以他为中心，所以他会认为没必要为别人考虑。

（2）孩子从小娇生惯养，犯错轻易被原谅，没有为自己的错误反省，甚至没有一丝的愧疚感。

（3）孩子有天生的利己倾向。在孩子心理发展未达到成熟阶段时，孩子往往会单纯地认为"我即世界"。

（4）孩子的性格倾向于关注自我，较难觉察到或者容易不重视他人的情绪和感受（如巫丫九型人格中的四号自我型及五号智慧型）。

解决方案

A 家长要为孩子的成长考虑，不要对孩子溺爱，使之养成自私自利的思维模式。要知道，自私自利的人无法建立良好的人际关系。

B 教孩子学会关心他人，体谅家长的辛苦，帮助家长做一些力所能及的事情。另外，教孩子学会与朋友分享自己喜欢的玩具、食物等。

C 家长有意识地安排孩子参加一些公益活动，教孩子学会付出爱，培养孩子为他人着想并独立处理问题的能力。

D 创造条件让孩子经历一下别人经历过的事情，这样就能了解他人的行为和感受，消除因为不了解情况而引起的误解。同理心源于自己的感受，然后连接到他人对同一件事情的感受。要告诉孩子，将心比心是为了理解别人，也是为了让别人理解自己。同理心并不是要你迎合别人的感情，而是希望你能够理解和尊重别人的感情，希望你在处理问题或做出决定时充分考虑到别人的感情。

E 教会孩子耐心倾听他人并做出积极的回应。倾听时要让对方感觉到用心及尊重，回应时应先发表对对方感受的理解，再表达自己的感受，以此与对方产生共鸣。

四十六　孩子抑郁怎么办？

巫丫九型答疑解惑

原因分析

抑郁是一种以不愉快、心情低落为主的不良情绪。抑郁会造成孩子悲伤或痛苦，消磨孩子的才华和斗志。为了孩子能顺利成长，家长要密切关注孩子的情绪和心理发展，决不能让抑郁成为孩子健康成长的暗礁。诱发抑郁的主要原因如下。

（1）家族遗传。有研究显示，若家族内有人患有抑郁症，则孩子患抑郁症的概率将高出正常人口，且血缘越近，发病率越高。另外，遗传因素的影响随着年龄的增加而增加，女孩比男孩抑郁更易受遗传因素影响，青少年抑郁受遗传因素的影响大于儿童。

（2）家庭环境的影响。比如夫妻关系不和睦，家长过于严厉或者过度干涉等，使孩子在没有温暖和关爱的家庭环境中成长。

（3）学习方面、人际交往方面的失败带来的受挫感，引发孩子的自我否定，认为自己交际无能，感觉总会被他人排斥，因此抑郁。

（4）儿童和青少年抑郁的促发因素主要是生活和学习中所遇到的压力，即各种应激生活事件，如健康状况的变化和生活环境的突然转变。有研究者发现，身体健康水平低下的儿童更易产生抑郁情绪，生活环境的突然转变也可能引起儿童和青少年抑郁。

（5）知识水平的限制。儿童和青少年由于世界观和心智不够成熟，看问题容易片面和极端，常常不能系统、全面、客观地认识现实，因而导致抑郁。

（6）有些孩子的性格倾向于自我评价较低，或者过于敏感、感性、极端（如巫丫九型人格中的四号自我型、六号疑惑型）。这些性格类型的部分孩子对自己行为的控制能力偏低（尤其是四号自我型），思维易陷入负面偏见中，又不敢或不愿正面表达内心的真实想法，也无法开拓自己的行动范围。若家长不懂孩子的性格，就无法真正走入孩子的内心，帮助孩子获得心灵成长，也无法真正让孩子感受到爱。当事情的结果无法达到孩子预期的时候，便进一步强化了孩子对客观世界及自我的消极评价，孩子的情绪更加低落，对外界更加悲观，如此恶性循环，就会导致抑郁。

解决方案

儿童和青少年轻微的抑郁症，可以通过以下方式矫治。

A 家长要时刻关注孩子的情绪变化，陪孩子做他喜欢做的事情。了解孩子的性格，用适合孩子性格的方式与孩子沟通交流，鼓励孩子表达出自己的真实感受，并给予孩子足够的理解和耐心。家长对孩子的懂与关爱，是消除孩子抑郁的最有效途径。

Ⓑ 帮助孩子正确地了解自己的性格，认知自己由于为性格所控制，导致看待世界存在偏见，从而变得更加客观与中立。帮助孩子正确认知自己的情绪产生的根源，引导并提供条件帮助孩子疏导及化解不良情绪。抑郁的孩子对待外界总是比较消极，容易把事实的负面扩大化。因此，孩子情绪低落时，家长要冷静理智、客观中立地帮助孩子分析他们对事物的认知，帮助孩子主动积极地调整对外界和自我的看法和态度。负面的背后就是正面，凡事皆存在两面性及多面性。当孩子能更"哲学"、更"智慧"地多方面看待世界与自我的时候，便能摆脱负面思维及负面情绪对自己的影响和控制。

Ⓒ 引导孩子有意识地转移注意力，调节消极情绪。比如带孩子去进行户外活动，鼓励孩子和他人接触，和小伙伴讲笑话、打球、玩一些有趣的游戏等。让愉快的活动占据孩子的时间，可以逐步消解孩子心里的积郁，从而让孩子走出自己的狭小世界。

Ⓓ 当抑郁的情绪缠绕孩子时，孩子会表现出迷茫的状态。此时家长可以根据孩子的兴趣，和孩子一起制定一个小目标，让孩子有方向感，有行动力。只要孩子在为某件事而行动，就不会沉浸在低迷的情绪中。可以说，让孩子保持忙碌也是抵制抑郁的有效办法。

一般轻微的抑郁症可以通过以上四个方案自愈，若稍重一点，最佳的处理方法就是及时就医。因为在抑郁症的早期，治愈是十分容易的，但是随着患病时间的增长，治疗难度也会不断提高，使得患者难以摆脱抑郁症的伤害。因此，建议家长把握最佳的治疗时机，使孩子可以尽快摆脱抑郁症。

四十七　孩子敏感焦虑怎么办？

巫丫九型
答疑解惑

原因分析

青少年的焦虑，通常表现为身体紧张、出汗、晕眩、呼吸急促、心跳过快、身体发冷发热、胃部难受、大小便过频、喉头有阻塞感等。焦虑症患者总是为未来担心，担心会出这样或者那样的问题，对周围环境充满警惕，十分敏感。

孩子的焦虑主要有以下几种类型和原因。

（1）因为期待没有得到实现而焦虑。如果孩子达不到家长的预期要求会受到家长的责骂，孩子就会有极大的压力，从而表现出紧张、焦虑等不稳定的情绪。

（2）因为突然和家长分离而焦虑，这是孩子经常出现的问题。当孩子与亲属特别是家长分离时，会出现明显的焦虑情绪，失去以往的欢乐。其主要表现为心烦意乱，无心学习，甚至出现逃学、出走等现象。

（3）因为突发事件而引起焦虑。突发事件发生后，孩子的心理会难以承受，因此担心灾难再次降临到头上，惶惶不可终日。但随着时间的流逝，这类孩子的病情会慢慢消失。

（4）家庭环境不良而引起焦虑。家庭矛盾过于激烈，导致孩子内心极度没有安全感及幸福感；或者家长中至少有一方特别严厉，总是指责与批判孩子（如巫丫九型人格中一号完美型性格的家长），导致孩子极度缺乏自信。安全感的严重缺乏与内心的不自信，容易引起焦虑。

（5）有的孩子神经系统发育不健全，对外界的细微变化过于敏感，从而产生身体素质性的焦虑。

解决方案

Ⓐ 家长应在充分了解孩子性格的基础上，放弃对"完美小孩"的期待，顺应孩子生理和心理的特点，合理教育及要求孩子，不要过于苛刻。当孩子没有达到要求时，不能对孩子冷嘲热讽、爱答不理，否则会让孩子感到压抑，或是逆反，加重孩子的焦虑。

Ⓑ 家长需要学习和提升与孩子沟通的技巧，并且有责任和义务给孩子提供一个良好的成长环境，提高自己对孩子管理和教育的能力，培养孩子强大的内心与健全的人格。家长应和孩子共同成长，营造一个不断积极学习的温馨幸福的家庭氛围，帮助孩子远离焦虑和不安。

Ⓒ 引导孩子积极乐观地对待外界。凡事尽力则无悔，不必事事苛求完美。

D 家长要经常陪孩子参加体育锻炼，因为健身可以促进大脑内啡肽分泌，能让孩子心情愉快。或者带孩子旅游，陪孩子看电影、听音乐等，让孩子感受到家长的爱及生活的幸福。

E 引导孩子发展客观中立的思维。孩子的焦虑有时候是孩子的消极思维和臆测夸大了困难与负面问题，贬低或否认自己的能力所导致。若孩子性格比较怯懦、优柔寡断、敏感不自信（如巫丫九型人格中的正六疑惑型），则家长要多给孩子肯定、鼓励及中肯的赞美，让孩子尝试探索、冒险、前进，不要害怕承担责任（家长可以对孩子明确表达，当负面结果出现时，家长会保护孩子，为结果负责。要让孩子鼓起勇气前行，无后顾之忧）。如果家长无法帮助孩子，那就必须请健全人格培养方面的专业人士提供帮助。

F 尝试用一些身体行为来调节焦虑情绪，如深呼吸、简单的少儿体操乃至瑜伽，从而让心理放松。

孩子嫉妒心强怎么办?　四十八

巫丫九型答疑解惑

原因分析

嫉妒心强的孩子,看到别人在某方面比自己好,就会有一种攻击情绪,这样的情绪一旦发泄出来就容易伤人伤己,等于是用别人的优点来折磨自己,从而产生沮丧、怨恨等消极情绪。嫉妒会破坏孩子与他人的人际关系,严重时甚至导致孩子对他人的攻击与伤害。孩子嫉妒心强的主要原因如下。

(1)在家庭教育中,有的家长经常为了激励孩子,拿孩子和其他孩子比较,特别是拿自己孩子的缺点和其他孩子的优点进行对比,让孩子误以为家长喜欢其他孩子而不喜欢自己,从而因不服气而心生嫉妒。

(2)有的孩子能力比较强,经常得到肯定和关注并形成一种惯性,要求自己事事完美。如果一次没有得到肯定、重视或者关注,而别的孩子得到了,这些孩子就容易产生失落感及嫉妒心。

(3)在学习过程中,由于学习上的竞争和考试选拔的需要,相互比较的机会增加。

（4）随着年龄的增长，人际交往越来越多，面临的竞争越来越激烈，孩子要处理的问题也就越来越多。但孩子的自我调节能力还比较差，在各种竞争压力下，容易产生心理不平衡。

（5）有些性格的孩子特别喜欢成为众人的焦点及被人关注和重视，当家长和周围的人转而关注别的孩子的时候，就容易心生嫉妒（如巫丫九型人格中的三号成就型、四号自我型）。

解决方案

Ⓐ 营造良好的家庭氛围，家庭成员之间要相互信任、相互尊重、谦逊包容。家长对孩子应有客观中立的评价，不要经常拿孩子和其他孩子进行比较。这些是预防和纠正孩子嫉妒心理的重要基础。

Ⓑ 根据孩子的性格，培养孩子的兴趣爱好和专长，帮助孩子发挥自己的性格优势，增强孩子的自信心。当孩子内在更自信、更乐观的时候，性格也会更包容。

Ⓒ 嫉妒心强的孩子往往是由于某方面存在不足，家长要帮助孩子找出自身的不足，努力帮他克服。比如说有的孩子看到别的孩子绘画比自己好而产生嫉妒心，这时家长可以帮助孩子提升绘画的能力，化"嫉妒"为成长动力。只要孩子各方面能力都得到相应的发展，嫉妒心就会相对减弱。

Ⓓ 引导孩子树立正确的竞争意识。有嫉妒心理的孩子一般都有争强好胜的性格，家长可以利用他的虚荣心、自尊心激发他的

竞争意识，教育孩子用自己的努力和实际能力去同别人比。家长应该告诉孩子，希望成功是非常好的意愿，要通过自己的努力，不断超越和突破原先的自己，逐步走向成功。只要有强烈的进取心，不管结局如何，就是有志气的好孩子。

E 在平时，家长的一言一行都会影响孩子，因此家长自己应养成开朗豁达的个性，不为一些事情斤斤计较，从而为孩子树立良好的榜样。时间久了，孩子会在潜移默化中形成豁达的个性。另外，也可以通过一些培养健全人格的教育机构，让孩子进行性格心理学的专业学习，认识自我，了解他人，明白尺有所短，寸有所长，拓宽自己的格局，获得人际交往的智慧。

四十九　孩子缺乏求知欲怎么办？

巫丫九型
答疑解惑

原因分析

求知欲是孩子自己去探求知识的内在动力，是极有价值的欲望。家长应懂得启发和引导孩子的求知欲，让孩子的学习如虎添翼。孩子缺乏求知欲的主要原因如下。

（1）在孩子成长过程中，家长没有及时给孩子正确的引导。有些家长自身知识匮乏，导致孩子在询问的时候，自己处于一个尴尬的境地，所以不得不采取避而不谈的办法，给孩子一种敷衍了事的感觉。或者家长缺乏回答孩子问题的耐心，用不耐烦情绪感染了孩子，让孩子害怕再提出好奇的问题。

（2）孩子长时间待在某个特定的环境当中，日常生活模式化，使得脑子里的知识范围容易受限制，都是一些熟悉的东西，从而导致思维僵化，缺乏新鲜事物的刺激。

（3）家长出于孩子安全的考虑，阻止孩子做一些冒险行为。没有了这些行为的诱导，孩子即便有求知欲也会因为被阻止而削弱。

> **解决方案**

Ⓐ 家长可以鼓励孩子多提问。孩子都有一颗好奇的心，但孩子的好奇心并不是求知欲，好奇心只不过是短暂的探索，而求知欲则需要深刻认知。所以孩子有疑问的时候，家长应该多多鼓励孩子，让其非常勇敢地表达，这样孩子的思维会打开，还会联想到很多有意思的知识。即便孩子问的问题家长暂时无法回答，也要以寻求答案的态度来和孩子沟通，找个方便的时机和孩子一起探寻问题的答案。

Ⓑ 带孩子参加一些集体竞争活动，如讲故事比赛、演讲比赛、球类比赛等。这些活动丰富多彩，能对僵化的思维模式进行有效的刺激。也可以让孩子参加一些音乐会、戏剧表演、马戏团表演等，培养孩子各方面的兴趣。

Ⓒ 带孩子亲近大自然，和孩子一起探讨听到的、看到的、嗅到的、尝到的。这样会有无数的疑问盘旋在孩子的脑海，告诉孩子有无穷无尽的奥秘等他去发现，从而很好地激发他的求知欲。可以说，大自然就是给孩子的活教材。

五十　孩子自负怎么办？

巫丫九型
答疑解惑

原因分析

对自己评价过高，就是自负。孩子会骄傲自负，主要有以下原因。

（1）有的家长在一些方面较普通人有很大的优势，如外貌、物质条件等。家长本身会因为这些优势滋生优越感，常常流露出对其他人的不屑，甚至嘲笑别人。在这种情况下，孩子就会模仿大人那种洋洋得意、虚荣和目中无人的神态。

（2）家长或其他人过多的夸奖，让孩子认为自己很了不起，其他人都不如自己，从而产生自负心理。

（3）孩子的性格过于自信或张扬，总是关注自己的优势，却对自己的劣势缺乏深刻的认知（如巫丫九型人格中的三号成就型、七号自由型、八号领袖型等）。

解决方案

A 为了预防孩子变得狂妄自大、不知感恩、霸道冷漠，家长要以身作则，即便自己有优越的条件，也要做到待人接物谦虚友善，成为孩子身体力行的好榜样。

B 家长要耐心教导孩子认识自己的性格，充分了解自己身上的优势和短板，帮助孩子更客观中立地评价自己。同时，当孩子出现自负的言行时，家长要及时进行提醒，并提出改善建议，帮助孩子规范言行。

C 家长在表扬孩子的时候，需要分清事情的轻重。如果孩子完成难度比较大的事情，就可以给予比较正式及郑重的表扬；如果只是平常小事，只需要给予淡淡的口头表扬就可以。如果孩子流露出自负的言行，家长可以举出表现更好的例子适度打击一下孩子，让孩子知道山外有山、人外有人，消除孩子萌生的自负苗头。

D 多带孩子去参加一些群体活动，接触更多优秀的人，增长孩子的见识，培养孩子谦逊的品德。

五十一　孩子优柔寡断怎么办？

巫丫九型
答疑解惑

原因分析

有的孩子性格优柔寡断，对此许多家长不以为意，但等到孩子长大以后才发现，孩子在面对一些人生问题，尤其是大是大非的问题时，往往失去主张，这是一件非常可怕的事情。孩子在诸多选择中犹豫不定，会贻误许多好的机会，甚至误入歧途。有的时候孩子性格优柔寡断，也会让孩子难以影响他人并建立优质的人际关系。孩子优柔寡断的主要原因如下。

（1）在孩子成长过程中，家长包办过多。有很多家长因为性格上的原因专横跋扈，在教育方面更是独断专行（如巫丫九型人格中部分一号完美型及部分八号领袖型性格的家长），几乎不会听取孩子的意见。因此，当孩子面对一些选择时，往往会手足无措，难以决断。通过孩子优柔寡断这一个表现我们会发现，其更多是由于家长所给予的家庭教育出现了问题。

（2）有很多孩子出于一些特殊的原因，经常会被家长将活动范围限制在家庭以内。家长总是担心他出去与人接触时会出现安全问题，担忧及顾虑太多。其实，家长认为在家里安全，但孩子未必真的安全。当孩子长期处于封闭的空间之中，很有可能会因此丧失许多的练习及成长机会，同时，没有办法与社会做到真正的接触。在这种情况下，孩子会优柔寡断也就不奇怪了。

（3）家长在教育的过程中给予过多的负面暗示，甚至恐吓，造成孩子性格胆怯、软弱，遇事不知所措。

（4）孩子性格偏内向，不愿在人群中表现，放弃很多自我表露的机会，面对选择的时候提不起任何兴趣。习惯成自然，孩子就会变得优柔寡断（如巫丫九型人格中的正六疑惑型及九号和平型）。

解决方案

A 家长在日常生活中要和孩子多沟通，鼓励孩子大胆表达自己的想法并做出积极的回应。这样可以培养孩子的主见，同时也可以很好地增进亲子关系。

B 适当放手让孩子去参加一些社会实践活动，可以让孩子自主选择活动并自己在活动中做决定。如果孩子在做决定的过程中有提出合理的要求，家长可以尽量满足，支持孩子的决定及要求。

C 带孩子参加一些具有挑战性、灵活性的活动，训练孩子在短时间内做出抉择并应变的能力。当孩子面对诸多挑战时，就不得不在这些挑战中做出选择，不得不去成长、去蜕变。经历的挑战多了，孩子自然能为自己做决定。

D 鼓励孩子多交朋友。在和朋友交往的过程中会出现各种突发情况,家长要引导孩子根据实际情况妥当处理,即便孩子刚开始处理不好,也要对孩子的果断举动给予肯定和褒奖。

E 引导孩子学会取舍,不要既想要这个又想要那个,既觉得这个好,又认为那个也不差。要坚持自己的原则,同时不要太过追求完美,要勇于面对,做出取舍。

F 家长可以通过多种途径增加孩子的知识。一个人的知识经验越丰富,其决策水平就越高;反之则越低。这也就是俗话所说的"有胆有识,有识有胆"。

G 对于巫丫九型人格中正六疑惑型性格的孩子,家长要更多地支持和鼓励,让孩子做决定时对自己更有信心,哪怕结果是失败的,家长也要欣赏到孩子在自主决策时的能力与魄力。对于九号和平型性格的孩子,家长要帮助孩子学会分析在所有的选择事项里哪些是重点,哪个选择对目标更重要,然后把重要的挑出来,次要的予以忽略,这样,将会非常好地帮助九号和平型孩子在决策时更加迅速及有效。

孩子好高骛远、不务实怎么办?

五十二

巫丫九型答疑解惑

原因分析

"万丈高楼平地起""千里之行,始于足下",古人的智慧告诉我们,任何成就的达成都要从一点一滴的事情做起。有的孩子由于受到外界一些因素的影响,总以为自己是干大事的,而忽视那些看似微不足道的小事情。当脱离实际地追求过高的目标,就会养成好高骛远的毛病。具体而言,孩子好高骛远的原因如下。

(1)家长在教育中过多地讲大道理而不教具体的方法,这会使孩子在制定目标和实践目标的过程中出现断层。

(2)家长太急功近利,只想着孩子能做大事,出人头地,忽视孩子生活能力、良好习惯和道德品质的培养,使孩子不能以脚踏实地、积少成多的精神认真对待学习和生活中的事情。

(3)在孩子成长过程中,家长包揽了太多本该由孩子单独完成的小事,使孩子的独立意识、动手能力和生活自理能力得不到锻炼,形成怕苦、怕脏、散漫懒惰的习惯,缺少从小事做起的思维和实践。

（4）孩子的性格过于自信及粗放，过于看好自己及未来，风控意识偏低，导致许多看起来发展很好的事，却最终因细节不足或者过程经营不善而失败（如巫丫九型人格中三号成就型、八号领袖型性格的孩子）。

> **解决方案**

Ⓐ 家长必须转变教育观念，摒弃急功近利的教育理念，放手让孩子独立处理力所能及的事情，在实践中去体验及感悟。即便是一个小小的成功，也是需要孩子经过琐碎的过程才会取得的。有了这样从行动到结果，再到反思总结的过程，孩子就会逐步深刻地认识到"不积跬步，无以至千里"的真理。

Ⓑ 鼓励孩子脚踏实地，从小事做起，一步步积累知识和经验，成为一个踏实、勤恳、善于主动思考、发现问题和解决问题的人。

Ⓒ 鼓励孩子参加集体活动、公益劳动，为孩子提供锻炼各种能力的机会，培养良好的习惯和意志品质。

Ⓓ 家长切勿对孩子提出过高的要求。要让孩子了解自己的长处和短处，对当下自己的能力有个准确的定位，既不自负，也不自卑。

Ⓔ 家长可以和孩子共同制定一个目标，再根据实际情况和时间进度细分成多个可执行的小目标，从而引导孩子务实，为目标而努力。

F 对待三号成就型及八号领袖型性格的孩子，家长可以有意对孩子进行挫折教育。比如，故意设计一些高难度的游戏或活动，让孩子进行挑战。孩子失败后，家长要与孩子共同进行总结，找出失败的原因及孩子自身需要改善和提升的地方，逐步训练孩子形成脚踏实地的做事风格，改正好高骛远的缺点。

五十三　孩子自私自利怎么办？

巫丫九型答疑解惑

原因分析

（1）据有关科学研究，儿童有天生的利己倾向。他们的特点就是站在自己的角度观察和认识世界，还不太会观察和考虑别人的需要。

（2）孩子自私自利也是家长在孩子成长过程中的错误教育所造成的。现在的孩子大多是独生子女，生活条件优越，特别是家长众星捧月的教育态度，助长了孩子的独占欲，强化了他们以自我为中心的意识。家长总怕孩子受一点委屈，对孩子总是有求必应，容忍、迁就孩子的错误，这样使孩子很自大，不关心他人的利益。于是，孩子从无意识的"自私"慢慢变成了有意识的自私，主要表现为在财物上吝啬、贪婪，别人的东西拿得越多越好，自己的东西就不愿与人分享。另外，只在乎自己想要做的事情，而无视他人的感受。

（3）孩子的情商不高，太在乎自己，或者太理性，很容易忽略或无法关注到别人的情绪或感受，因此给人感觉很自私（如巫丫九型人格中一号完美型、四号自我型、五号智慧型、七号自由型性格的孩子）。

解决方案

A 家长应秉承健康的教育理念，不应溺爱孩子。不要给孩子特殊待遇，不要让孩子有与众不同的心理。不能无条件地满足孩子的需求，而要让他知道自己与别人是一样的，没有任何不同的地方，这样可避免孩子养成以自我为中心的性格。一旦孩子提出不合理的要求，做家长的要坚决予以拒绝，不可心软。

B 要让孩子养成热爱劳动的好习惯，可以给他分配一些力所能及的事情，不要什么事情都大包大揽。要让孩子从劳动中找寻快乐，体会家长的艰辛及付出。

C 鼓励孩子和其他孩子分享。用实践告诉孩子，分享不是失去自己的东西，而是和其他孩子互通有无，互惠互利，还可以获得其他孩子的友谊。

D 家长做好与人分享的榜样，主动关心和帮助他人，如帮助孤寡老人，给有困难、有需要的人捐赠物资等。

E 对于性格上容易忽略或无法关注到别人的情绪或感受，因此给人感觉很自私的孩子，家长可以重点培养孩子的同理心。当孩子具备同理心之后，自私的行为将得到改善。

五十四　孩子言行举止低俗怎么办？

巫丫九型
答疑解惑

原因分析

　　孩子在与人交往中，举止低俗是不会受人欢迎的。比如在公开场合开一些低级、粗俗的玩笑，随地吐痰，或是对他人的品质、个性表示轻视。这样的孩子得不到别人的尊敬，难以建立良好的人缘。孩子言行粗俗，主要原因如下。

　　（1）家长过于重视孩子的学习成绩，忽视了对孩子文明礼仪方面的培养。

　　（2）家长本身在日常生活中不注重文明礼仪，给孩子做了不良示范。比如常在孩子面前说粗暴的语言，常在孩子面前展现低俗的行为。成长中的孩子并没有意识到什么行为举止是得体的，什么是该禁止的，认为像家长那样很爽快、很自由，也很合理。

　　（3）家长没有很好地利用社交细节给孩子做出正确的引导，没有区分什么时候该在乎言行举止，什么时候可以让自己轻松舒适。比如在候车大厅，孩子累了，躺着占几个座位，旁边却有人没位子可坐。这时家长就该提醒孩子不要过分占用公共资源，只有在自己家里没客人的时候，才可以随心所欲躺沙发。

（4）孩子受到言行举止低俗的同龄伙伴的影响。

（5）孩子的性格大大咧咧，无所顾忌，不受限制及约束，容易愤怒，喜欢个性及刺激。比如巫丫九型人格中火焰四自我型及八号领袖型性格的孩子。

解决方案

A 家长需要转变只要学习好就行的教育观念，注重培养孩子的文明礼仪。孩子从小的行为习惯会造就孩子的性格，所以文明的语言、得体的举止要尽早培养。懂得文明礼仪的孩子，到哪里都会得到他人的尊重和欢迎。

B 家长良好的言行举止是对孩子最生动、最有效的教育。不要在孩子面前用粗俗污秽的语言指责或辱骂别人，禁止孩子观看一些低俗的视频。家长可以好好利用家里来客人的时机，提醒孩子礼貌招待客人，并给孩子做出好榜样。

C 家长要积极引导孩子和来访的客人打招呼，若孩子实在不想打招呼，也不用在客人面前强迫孩子，责备孩子失礼。但事后可以用换位思考的方式让孩子明白，打招呼是最基本的礼貌，孩子去别人家做客，也是希望受到别人的热情欢迎。

D 和孩子观看一些表彰类的节目，如央视的《感动中国》栏目，让孩子直观地感受文明的举止和言谈是值得别人尊敬和喜爱的。

E 纠正孩子的言行时，家长需要循序渐进。当孩子表现出粗俗的言行时，家长要先冷静劝阻，若劝阻无效，事后到家再施以相应的惩罚，不要在他人面前指责和惩罚孩子。

F 对于巫丫九型人格中火焰四自我型及八号领袖型性格的孩子，家长可以与孩子就"如何成为一个有尊严并受人尊重的人"这一话题进行共同研讨，引导孩子改变低俗言行，遵守礼仪规范，成为一个尊重他人的高素质孩子。

在与人交往中，孩子不懂谦让怎么办？

五十五

巫丫九型答疑解惑

原因分析

在日常生活中与他人打交道的时候，谦让是一种美德。比如在公交车、地铁上，给老人、孕妇及需要帮助的乘客让座，就是一种谦让。孩子与其他孩子在交往中发生冲突时，懂得谦让可以避免不必要的麻烦，使双方免遭更大的伤害。孩子不懂得谦让，主要有以下几个原因。

（1）孩子被家长视为掌上明珠，娇生惯养，处处得到大人的关照，形成了比较自我的意识。

（2）家庭成员中常常出现相互争执、斤斤计较的情况，并被孩子模仿。

（3）孩子的行为反映的是家长的教育观念和行为习惯，家长的错误教育观念导致了孩子的错误行为。

（4）社会上一些不良观念的影响也是一个因素。例如，有的人把谦让当成是懦弱无能。

解决方案

A 家长要以身作则,在家里互相礼让,互相体谅,互相爱护,尤其要尊敬长辈,给孩子树立一个谦让的榜样。比如在家里营造分享的氛围,好吃的东西要大家一起吃,电视不能一个人独占,要轮流看自己喜欢的节目,从而消除孩子以自我为中心的意识。

B 孩子能否积极地适应各种环境,处理好人与人之间的关系,有担当,乐观地面对人生,与幼儿至青少年这段时期的生活经验和教育状况极为相关。所以为孩子长远着想,家长应树立正确的教育观念,重视孩子的品德教育。要为孩子多创造一些与人交往的机会,让孩子在交往中体会被拒绝、被接纳的感受,体验关心他人、帮助他人、为他人着想的快乐。并且在有冲突的时候,学会将心比心和礼让,从而获得友好的人际关系。

C 引导孩子主动做出礼让和与人分享的行动。让孩子自觉分享和谦让不是一个一蹴而就的过程,而是需要循序渐进,可以在孩子平时与人打交道的时候见缝插针地提示:谦让不是吃亏,而是可以和其他伙伴共赢。

D 如果孩子与其他小伙伴有冲突,且表现过激的话,家长应第一时间把他们拉开,阻止其吵闹,等孩子们都冷静下来,再了解事情的来龙去脉。孩子之间闹矛盾争吵,不会有什么深仇大恨,无非是一些芝麻小事或者意气用事。双方家长都应保持中立,引导孩子相互谅解,切勿因为护子心切而将事情闹大。

孩子做事毫无条理怎么办? 五十六

巫丫九型答疑解惑

原因分析

有的孩子做事没有条理性,缺乏清晰的行动步骤,做事不分轻重缓急,花了很多时间也没有收到应有的成效。究竟是什么原因导致孩子缺乏条理性呢?

(1)家长为孩子包办过多,孩子没有独立处理自己生活上的事情的经验,没有得到时间和事件安排的逻辑训练。

(2)家长平时在家处理家务时过于随心所欲,比较情绪化,想到什么做什么,不分先后,不求效率,且家里的物品摆放比较无序。孩子受家长及环境的影响,在做事时会缺乏条理性。

(3)家庭成员作息无规律,时间安排缺乏计划性。

(4)孩子本身的性格所导致。有些孩子的性格过于感性,思维发散,并容易为情绪和感觉所控制。心情好时,什么都愿意做;心情不好时,什么都不做。或者顺境时非常有热情,遇到困难时立即放弃,三分钟热度,从而导致缺乏条理性。例如,巫丫九型人格中四号自我型性格的孩子。还有些孩子喜欢追求新鲜和刺激，喜欢自由自在和无拘无束的生活，不愿过多为客观事物所限制，从而不按条理和规则处事，如巫丫九型人格中七号自由型性格的孩子。

解决方案

孩子做事没有条理性，根本的原因是逻辑思维相对较弱。家长可以从以下几个方面来培养孩子的逻辑思维，让孩子通过训练提升自己的判断力，有条不紊地做好自己该做的每一件事，并多角度、更客观中立地看待事物，拥有举一反三的思维能力，进而让孩子的抗压能力和处理问题的能力得到增强。

Ⓐ 对于缺乏条理性的孩子，家长要陪他一起专注地从细微的事情做起。比如一起大声朗读一些文章，让大脑、眼睛、嘴巴共同作用，甚至可以"指读"或"比划"，调动孩子的逻辑思维能力，读到一字不差。这个方法需要持续较长时间才会有效果，家长要有足够的耐心。

Ⓑ 放手让孩子多做家务，引导孩子思考先做什么后做什么，或者让孩子同时进行几项事务，思考怎么做可以省时省力。比如在烧开水、煮饭的时间，可以做别的事情，不必一直等到水开或者饭熟了才接着做别的事情。

Ⓒ 孩子专注做某件事情时，会因为专注而不停地思考，直至寻找到解决的办法。此时家长不要去打断和影响孩子，否则会中断孩子的逻辑思考过程，非常不利于逻辑思维的培养。逻辑思维

的训练不是一朝一夕的事,而是一个漫长枯燥的过程,为此家长要耐心引导和大力支持。

D 和孩子共同制作每天或者每周需要处理的事务的清单,每完成一项就划掉一项,让孩子在独立处理问题的过程中获得成就感与自信心。

E 指定一个固定的地点和时间做一件事情。比如学习,明确什么时间学习,在什么地方学习,用什么方法学习,错题和笔记需要怎么整理更利于复习。孩子长时间按规律学习及处事,理性思维与条理性、逻辑性就会增强。

F 建立一套家庭成员共同遵守的家规,如每晚睡前为第二天出门做充分的准备,从而让孩子到家就进入一个有序的模式。

G 四号自我型孩子可通过围棋练习、编程学习等训练理性思维与逻辑性,七号自由型孩子可通过绘画练习(尤其是素描)、古琴学习等训练定力与耐力,从而培养孩子持之以恒的能力与逻辑性。

五十七　孩子不守信用怎么办？

巫丫九型答疑解惑

原因分析

诚信是基本的为人处世之道，是进入社会的通行证。家长要教育孩子，不管在什么时候，对自己所说的话都要尽全力做到，这样才会在社会上有立足之地。当今社会，诚信不只是一种道德品质，更是一种生存技能。它可以给孩子带来许多益处，帮助孩子赢得别人的友谊和钦佩。家长要想让孩子具备诚信的品质，就必须告诉孩子诚信的重要性。孩子不守信用，可能的原因如下。

（1）家长在孩子面前没有做到言行一致，轻易给孩子许诺，但没有一一兑现。家长在内心深处缺乏对孩子作为一个独立个体的充分尊重，认为孩子不懂事，大人对孩子说话不算数或忽悠几次没什么大不了的。孩子并不是天生就不守信用，而可能是后天习得，因为孩子擅长模仿他人的行为，尤其是朝夕相处的家长会对孩子的一言一行产生重大的影响。

（2）由于年龄关系，孩子的阅历和社会经验有限，孩子对自己的能力缺乏精准的认知，在与人交往的过程中容易高估自己的能力而轻易对对方许诺，不知道对方的请求已经超出自己的实际能力，最后因为自己没有能力去兑现承诺而失信于人。

（3）孩子失信后不仅没有受到相应的惩罚甚至还因此得到暂时的正面结果或赏识，因此，会持续不守信用。

解决方案

Ⓐ 孩子的诚信意识和后天环境影响和教育有直接关系。作为孩子的第一任老师，家长首先要创造一个宽松、民主、和谐的家庭氛围，让家庭成员拥有诚实真挚的态度，同时和孩子建立真诚及相互信任的关系，只有这样才会使孩子感到自己被爱护和关心，从而对人诚实及信赖，遵守许下的诺言。

Ⓑ 家长必须以身作则，成为孩子诚信的良好示范与榜样。家长要遵守日常生活中的规则和底线，就算无人监督也要做到自我约束。要做到一诺千金，承诺他人的事情绝不反悔，想尽一切办法完成。孩子在家长言传身教的影响下，也会信守承诺。

Ⓒ 家长要教育孩子做诚实的人。当家长把诚实变成孩子的行为底线之后，孩子离真正的守信就不远了。只有让孩子学会面对自己的真实内心和外部环境，孩子才有诚实守信的基础。离开了诚实，守信将是空中楼阁。家长要教育孩子，对待自己和他人尽量实事求是。当孩子真正成为一个敢于面对窘境的诚实孩子，孩子就离形成真正的信用思维不远了。

Ⓓ 当孩子出现不守信用的行为时，家长不能听之任之，而是

要强制并帮助他履行自己的承诺。在履行承诺的过程中，孩子会真切地感受到自己消耗的时间和精力，这样下一次再向别人许诺时，他就会更加慎重，仔细考虑。

孩子喜欢背地里论人长短、搬弄是非怎么办？

五十八

巫丫九型 答疑解惑

原因分析

爱背后议论他人、搬弄是非的孩子，会让身边的朋友讨厌，让自己的眼界变小，使人际关系的发展受到阻碍。那么，为什么有的孩子喜欢背后议论人，爱搬弄口舌是非呢？

（1）孩子年龄小，自主意识还在发展之中，对他人的评价往往会有片面性。孩子还没有形成是非观，见小伙伴们谈论，只是想融入其中，获得参与感与成就感，头脑相对没有大人那么复杂。

（2）孩子的嫉妒心比较强。看到别的孩子比他优秀时，内心就会产生攀比和嫉妒的心理，总想超过别人。这种嫉妒转化成愤怒与抵触，就会通过说人坏话和挖苦他人的方式表现出来。

（3）家长本身没有注意自己的言行，在孩子面前对某个人的短处说三道四，被孩子模仿。

（4）孩子的性格容易对权威胆怯。当孩子对权威人士（如家长、老师、学生干部、成绩优异者等）的言行心生抵触时，虽然当面服从不敢顶撞，但背后则发表怨言。比如巫丫九型人格中六号疑惑型性格的孩子。

解决方案

A 家长需要以身作则，注意自己的言行，给孩子树立一个闲谈莫论是非的榜样。

B 引导孩子发现自己的优点，增加自己的自信心。家长不要拿自己的孩子和别人家的孩子比，多鼓励孩子看到自己的优势，发挥自己的优势，避免孩子心理失衡，心生嫉妒。

C 发现孩子对别人说三道四时，家长应立即制止并进行教育。要让孩子明白说人闲话是不道德的行为，不利于人与人之间的情感沟通，也不利于和小伙伴之间的和睦相处。要知道，逞一时口舌之快会树敌无数，得不偿失。

D 家长要保持和学校老师的密切联系，如果发现孩子的同学（尤其是好朋友）也喜欢谈论是非，就有必要联合其他家长同步教导孩子。

E 对于六号疑惑型性格的孩子，家长需要鼓励他当面与权威人士直接沟通。与其背后抱怨或说三道四，再由他人传递造成最后的误会与伤害，还不如当面直接沟通与表达，这样更利于人际关系的和谐。

孩子占有欲或控制欲太强怎么办？

五十九

巫丫九型答疑解惑

原因分析

（1）随着年龄的增长，孩子开始有了自己的想法和判断，不会再简简单单地听从成人的指挥了，甚至开始对人产生怀疑，开始学会表达自己的意见，宣告自己的主权。

（2）孩子在家长的宠溺中长大，以为他人都应该听自己的，很多东西都应该属于自己。

（3）孩子在成长过程中缺乏与同龄人交往的机会，不会与他人分享，不知怎么与他人相处。

（4）孩子长期得不到家长的关爱，内心缺乏安全感，认为只有占有或控制他人或外界才能消除这样的缺失感。

解决方案

A 家长应营造一个宽松、民主、和谐、温暖有爱的家庭氛围,让孩子感到放松和安全。

B 家长不要溺爱孩子,也不要独断专行,要放手给孩子一些自主历练的机会。

C 家长要多关注孩子的情绪变化,观察孩子在哪些方面总想控制,然后耐心和孩子沟通交流,了解孩子行为背后的真实原因与动机。不同性格的孩子同样出现控制欲,背后的动机是不同的。例如,巫丫九型人格中一号完美型性格的孩子,出现控制欲的动机是想把事情做到更好,所以,别人必须听自己的;二号助人型性格的孩子,出现控制欲的动机是想让别人更优秀,所以,别人要按自己期待的方式去发展……如果孩子因为占有欲与控制欲已经出现霸道无理的行为,家长需要对孩子进行适当的教育,甚至让孩子接受相应的惩罚,同时要对孩子讲解或者示范正确及妥当的行为方式。

D 引导孩子学会换位思考,将心比心。鼓励孩子结交更多的朋友,学习与人相处之道。可以和孩子玩角色互换的游戏,让孩子体会到控制欲在人际交往中的弊端。

E 帮助孩子树立正确的价值观,明白不是自己的东西不能占有。

孩子疑心太重怎么办？　六十

巫丫九型答疑解惑

原因分析

如果孩子对什么都持怀疑的态度，并且为自己的怀疑搜集各种"证据"，让所猜疑的不良结果干扰自己的好心情与正常生活，天天处在消极的情绪里，那么时间长了，不但影响孩子的学习成绩，还会给孩子带来心理上的疾病。因此，如果孩子的性格过于猜疑，家长必须尽早帮助孩子做出改变，让孩子尽量避免猜疑带来的一系列危害。孩子疑心重，主要是由以下原因导致的。

（1）家长性格的影响。家长双方或者一方有多疑的性格特点（如巫丫九型人格中四号自我型、六号疑惑型性格的人相对容易敏感多疑），或者总对孩子持不信任、怀疑的态度，时间长了，孩子也学会了猜疑。

（2）家长言行不一的行为习惯的影响。如果家长经常用欺骗的手段让孩子达到什么目标，对孩子做出很多的承诺，最后却不去兑现，那么孩子对家长就不会再信任，并且孩子这种怀疑的范围还会向外扩大，使孩子对周围的人、事也产生猜疑。

（3）孩子自身的性格所致。孩子自身的原因主要表现在以下方面。

第一，孩子具有不良的封闭性思维。孩子的猜疑心理与封闭性思维关系很大，孩子一般都是从假想目标开始，通过封闭性思维进行想象，自圆其说证实假想目标，然后再把假想当成事实，从而导致多疑。

第二，孩子的感觉过度敏锐。孩子如果天生感情脆弱，感觉过度敏锐，就会对别人一个不经意的眼神、一个小小的动作浮想联翩，猜疑别人是对自己蔑视、嘲笑或者有别的什么对自己不利的想法。

第三，孩子具有不良的自我防御方式。有些孩子曾经受过骗，为了避免再次上当，对周围的人、事就会心存戒备，不再去相信别人，哪怕是身边的朋友、亲戚，时间长了，孩子就会形成猜疑的性格。

第四，孩子缺少与他人的沟通。孩子之所以对别人猜疑，并且一直处于自己想象的结果中不能自拔，主要就是没有及时与所猜疑之人进行直接的交流沟通。

第五，孩子的自信不足。孩子猜疑心重，不相信他人，其实也反映出孩子的不自信。孩子就是因为在某方面信心不足，才会怀疑别人在背后针对这一方面议论自己。

第六，孩子过度地关注自己。如果孩子过度地关注自己的荣誉，太在意自己在他人心目中的形象及重要性，就会很在乎别人的一言一行，看重别人对自己的看法，生怕自己哪里表现不对受到他人的议论。人与人交往的过程中，一般的猜疑和误会都是不可避免的，只要通过彼此之间开诚布公的沟通，就会使真相大白，误会消除，猜疑消失。

解决方案

Ⓐ 家长要为孩子营造一个宽松和谐的生活环境，给孩子抒发自我感受的权利和机会。要耐心倾听孩子的想法，取得孩子的信任。

Ⓑ 和孩子一起进行一些他喜欢的体育运动，缓解孩子的不良情绪，使孩子在增强体质的同时产生积极的心理感受。

Ⓒ 带孩子正视实际情况，通过了解情况消除疑虑和误会。

Ⓓ 家长应帮助孩子提升各个领域的知识水平，丰富见识及阅历，并对自己性格的优缺点有清楚的认知。孩子知识面越广，越有见识及阅历，自信心就越强。孩子自信心越强，就越能消除一些不必要的猜疑。

Ⓔ 家长亲自或邀请专家对孩子进行性格鉴定，认识孩子性格的优势和不足，并进行性格心理学的专业学习及培训，有针对性地弥补不足的地方。要帮助孩子对自己及外界进行客观的认识，在发现自己不足的同时看见自己的优势，在看见外界缺陷的同时也感受到世界的美好与光明，引导孩子形成积极正向的思考方式，不要总是为消极悲观思维所控制。

附录一

巫丫九型,到底是什么?

作者(巫丫九型学员及"铁粉"):吴吉光

如果有一种神奇的能力,

让你在商业谈判中无往不利,

让你在亲密关系中幸福和谐,

让你在亲子教育中得心应手,

你好奇吗?

如果好奇,请听我讲几个故事。

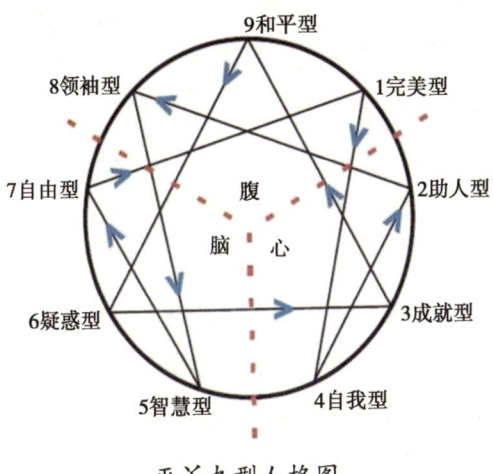

巫丫九型人格图

一、巫丫起源

这一切,要从一个"有巫术的丫头"说起。

巫丫,一个来自农村的女孩,师范大学毕业后,成为一名优秀的中学老师。后来,因为远大的目标与梦想,远离故乡,进入商界努力打拼。16 年前,因为一次爱情的重大打击,她彻底陷入了人生低谷,几近崩溃,感觉人生失去了意义。她不断问自己:"我是谁?我从哪里来?我要到哪里去?我活着究竟是为了什么?……"就在她因为失恋而无比痛苦迷茫,找不到出路,甚至陷入绝望之时,她的一位从美国归来的朋友给她送来了此生最为珍贵的礼物——九型人格的专业书籍及视频资料。她如饥似渴、不分昼夜地陶醉其中进行深入的阅读及探索,发现九型人格是一个极有魅力的性格心理学理论,它将人的内在性格分为九种类型,而自己与其中一种极为接近,精准度居然高达 80% 以上。九型人格能够深刻地揭秘自己内在的起心动念及思考方式,能够无比精确地探索及发现潜藏在自己身上的各种优势与不足,甚至还能够揭示出自己的情绪在遇到什么问题或困难时会陷入低谷,该如何突破及超越。简直,比自己还懂自己啊!这立刻引起了她的无比好奇,从此,她从失恋的巨大痛苦与孤独迷茫中跳了出来,开始深度研究九型人格。

那么,九型人格究竟是什么呢?它应该算是世界上历史最悠久的性格心理学之一,是美国 FBI 必修课程,也是世界顶尖的学术型研究学院——美国斯坦福大学商学院的必修课程。进入中国后,政府部门也把它运用在公务员的选拔及领导力的培训提升上。

16年前，巫丫就发现，九型人格对性格的理论研究极为精准，但在实战运用过程中存在一定的不足——无法精准地测试出人们内在的性格。九型人格对性格的鉴定更多是依赖统计学，即让测试者做大量的测试题，根据最后统计出的最高分型号或排名前三的高分型号来判断人的内在性格。为何测试题很难帮助人们找到自己或他人的内在性格呢？首先是因为有"测试"与"反测试"之分。比如商业上，我们对求职者进行性格测试，求职者会基于求职需求有意识地选择测试答案，这样统计出来的最高分型号自然很难是一个人内在真实的性格。其次，人们成年后，基于一种自我保护，或者基于角色扮演的需要，在不同的时间、场合以及不同的人面前会戴上不同的面具。因此，同样一个人，在不同的环境里做同样一份测试，答案会有所不同。最后，哪怕人们没有任何目的，真心实意做测试，也未必会准确，因为人处在不同的状态下，会有不同的观念与认知。比如，3年前，你单身未婚，收入不稳定，生活压力重重；3年后，你结婚生子，事业与生活稳定。3年前与3年后，你同样真心实意地做同一份测试题，你的性格型号可能会有所不同。那么，问题就来了，既然人的外在性格与行为表现如此变幻莫测，那人内在的稳定的性格特征如何才能被发现呢？

因为没有老师，她没有办法向人请教。因为无比的热爱，她开始在生活中不断地实战及探索。当研究到7~8年的时候，她鉴定了有上万人，积累了无数个案。后来，她突然发现，相同性格的人在眼神、皱纹、语速、语气、着装等方面极为接近，而通过人的微表情与身体语言，就能快速地解读一个人内在的性格，从而创造了"巫丫九型人格",即中国人特有的"读心术",并把它实战运用在商业、情感与教育之中。

16年来,她不仅把性格心理学的实战运用能力复制给了上万名学员,帮助他们认知自我及成长超越,并且帮助学员在商业(职场)、情感、教育上以善良的心,通过道、法、术相结合,创造共赢结果,进而改变命运。正是因为在专业上不断精进与追求卓越,2017年,这名有"巫术"的丫头接受了CCTV7的专访;2019年至今受聘于江西卫视《金牌调解》情感真人秀栏目,运用巫丫九型性格心理学,帮助中国乃至世界的来访嘉宾了解自己及爱人和孩子,化解误会和矛盾,促进情感和谐、亲子关系改善及家庭幸福。

这名有"巫术"的丫头,这名来自农村的普通女孩,这名有梦想、有目标、有追求,做事达到极致,永不言败、永不放弃的执着女生,通过自己16年的奋斗与努力及对专业的无比热爱,终于助人助己,取得成功。

二、商业合作

巫丫九型进入上海市场是巫丫九型在商业谈判中发挥重要作用的有力证明。

2018年,巫丫老师应邀从厦门飞到上海,与上海知名的心理学及人力资源培训机构伟业集团的董事长王伟杰老师商谈合作事宜。初次见面时,巫丫老师准备详细介绍一下巫丫九型的专业知识，没想到刚一开口，立即被打断，王老师说道："请不要跟我说专业，不要说什么巫丫九型，什么DISC……我是心理学博士，你说的这些我都了解，我们就花15分钟谈谈商业上怎么合作就好……"

巫丫老师一看王老师说话如此直接，再结合王老师的眼神、皱纹、微动作、着装打扮等，通过读心术（巫丫九型第二阶段课程内容），瞬间发现，王老师居然是巫丫九型人格中罕见的五号知识型、智慧型、谋略型性格。五号型的人说话极为理性客观、逻辑性强，人与人之间的交情与感受很难影响他们。要想说服五号型的人进行合作，你必须足够自信及有专业实力。同时，在商业上要想与人长久合作，仅仅洽谈商业合作方式是远远不够的，因为因利而来，必定因利而断。只有合作双方彼此深度了解，价值观一致，甚至有很深的信任与友谊，才能更好地促进商业共赢。

判断完王老师的性格类型，巫丫老师同时也打断了王老师的话语（巫丫九型第三阶段课程内容，对不同性格的人应当运用不同的沟通及谈判方式）："没错，说到理论，王老师肯定比我更专业，但是在性格心理学的实战应用方面未必比我更胜一筹。就好比现在，我们刚刚见面，我已经知道王老师是什么性格的一个人，而王老师却未必知道我是怎样的人。"王老师听完后，不置可否地笑了："好，你可以试试。"于是，巫丫老师借此机会详细解析了王老师的性格特点。王老师边听边惬意地笑了，说道："原来你如此了解我啊，不错不错。"

大家知道吗？在世界上，几乎每个人都渴望被人懂、被人了解，而一旦被巫丫九型解读，发现解读人如此了解自己，被解读人就会觉得解读人无比亲切，就像对方是家人或认识多年的最亲密的朋友一般，内心的信任会快速建立（这也是巫丫九型最大的魅力之一）。于是，15分钟的谈判变成了一下午的亲切畅谈。晚餐时，王老师盛情款待了巫丫老师（五号型的代表人物是诸葛亮，五号型性格的人极度喜欢个人空间，讨厌浅薄没有深度之人，生活中极少应酬）。至此，双方合作已顺利达成。由于五号型的人擅长谋略和布局，加上巫丫老师强大的创新及实战能力，两人强强联合，使巫丫九型很快在上海得到推广。通过一系列的课程，巫丫九型引发了巨大反响，收到了数千名学员的一致好评。同时，也开启了巫丫九型在江浙沪发展的新纪元。

许多企业家不远千里飞往上海、厦门、杭州等地学习巫丫老师的专业课程，将巫丫九型实战运用在商业中，提升了自己识人用人与在商业谈判中读懂对手的能力，使管理更轻松的同时实现财富倍增。

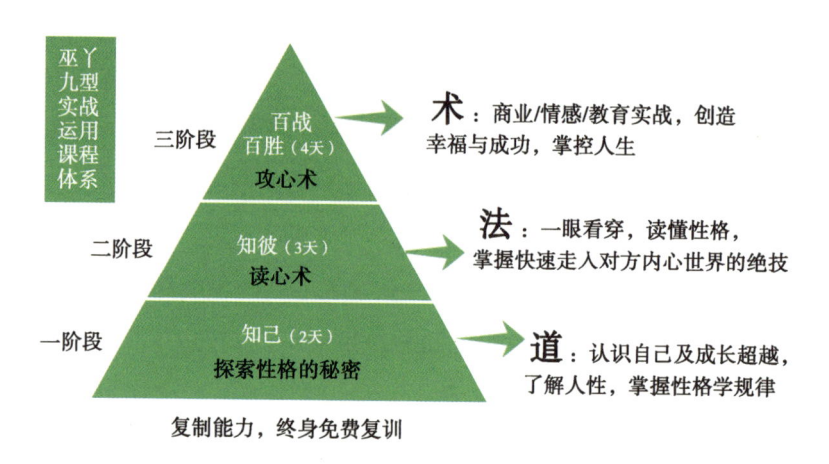

巫丫九型实战运用课程体系

- 三阶段　百战百胜（4天）攻心术　**术**：商业/情感/教育实战，创造幸福与成功，掌控人生
- 二阶段　知彼（3天）读心术　**法**：一眼看穿，读懂性格，掌握快速走入对方内心世界的绝技
- 一阶段　知己（2天）探索性格的秘密　**道**：认识自己及成长超越，了解人性，掌握性格学规律

复制能力，终身免费复训

三、情感经营

我与巫丫九型结缘也是在 2018 年，当时我正在一家基因检测公司工作，有幸被公司选中参加能力培训，于是报读了汇人商学院巫丫九型的培训课程。学会巫丫九型是我 2018 年最大的幸运，它从方方面面改变了我。巫丫九型不仅让我更客观中立及更深刻地认识了自己的优势和不足，也改变了我的很多认知和想法，尤其是情感方面的。

说到情感，大家都知道上海的单身群体非常庞大，我毕业后也是其中一员。为此，我接任了张江人才公寓工会桌游群群主，依上任群主之意，利用工会平台，免费为大家组织桌游活动，帮助大家扩大交友圈，早日脱单。仅 2018 年就组织了 89 次桌游活动，因此，我人缘非常不错，但仍发现脱单是人生一大难题。以前的我总是认为，只要人好，大家都喜欢你，脱单绝非难事，但事实并非如此。学完巫丫九型后，我认识到自己原来属于巫丫九型中的二号型。二号型的人的确有大爱，喜欢无事忙，帮帮这个，帮帮那个，就会觉得很开心。与人交往，也总是想给对方最好的关心和帮助，然而，我并不知道其他性格类型的人的内在思考模式。后来才知道，并不是所有性格的人都会因为你对他好就会接受你。有的性格，最看重的是你的实力；有的性格，最看重的是与你交往的感觉；有的性格，最看重的是你的形象……明白了这一点，你就会知道自己这种性格的人相对容易与哪些性格的人相处，情感上与哪些人匹配度更高，以及在经营情感时，双方要注意哪些细节及原则和底线。

在2019年5月的最后一个周五，也就是我学完巫丫九型系统课程（三阶段学习完毕）并成为一名巫丫九型性格分析师五个月后，我受邀在张江人才公寓工会的读书会上给大家分享巫丫九型。会后，一个女生觉得自己也像二号型，就与我进行了进一步沟通。我通过观察和了解，发现她是六号疑惑型（六号疑惑型在信任的人面前会完全转化为二号型，对感情极为真诚及付出。六号型与二号型的情感匹配度为中上水平，既相似又互补）。后来，我们因为性格相吸，经常一起吃饭、一起聊天、一起出去玩，相互间沟通无障碍、无压力，并且我们总能很快地明白对方的心意，不久我们俩就在一起了。前些日子，女生节那天，我们见面后，她问道："为什么我们每次见面都很开心呢？"我说道："大概就是因为我们性格相似而互补，都很了解对方又能了解彼此的需求吧。"正如巫丫老师所说，懂比爱重要。每种性格表达爱的方式不一样，每个人性格不同，适合的伴侣也不同。你只有了解性格，了解对方，才能真正明白该用什么方式去爱对方，让对方感受到幸福。如果你很爱一个人，却不懂得对方的性格，就好比你把你最喜欢的香蕉给了他，而他根本就不喜欢吃香蕉，只喜欢吃苹果，甚至吃了香蕉还会拉肚子，那你这百般付出又如何叫爱呢？爱情，首先要找到正确的人；其次，要彼此了解性格，用彼此舒适的方式来经营情感，这样爱情才能天长地久。

与女朋友深度交往两年的时间里，我们一直保持真挚而热烈的爱。现在，我们已携手步入婚姻的殿堂，幸福满满。在此，非常感谢巫丫老师的倾情教导，也感恩此生有缘巧遇巫丫九型，使我的一生有了更多的觉醒、成长，并创造了更加幸福美好的生活。

也希望所有单身之人都能像我一样，认识自我，认识伴侣，与相爱的人相伴终生。

四、亲子教育

巫丫老师签约江西卫视《金牌调解》栏目后，参与调解了很多情感纠纷和家庭矛盾。其中一则关于亲子矛盾的案例发人深思。案例中，父亲周先生在煤矿工作，母亲陈女士是育婴师，家庭条件并不充裕，为了供儿子上学，不仅花光家里的钱，还借了外债。然而，儿子小周的求学之路却像过山车一样。先是高考时，因为喜欢的女同学未考上二本，自愿放弃自己考上的二本学校，和女同学一起复读，最终进入同一所大学学习。后来，女生家长因小周家庭条件不好，强力拆散两人。小周化不甘心为动力，发愤图强，考上了某名牌大学排名第一的专业，攻读硕士，成了名副其实的学霸。但读研期间，又因为恋爱失利，成绩急速下滑，毕业论文都成问题，小周自己也觉得没有任何心情完成学业了。为此，父母与儿子进行了沟通，父母觉得儿子不认真完成学业，辜负了父母的一番苦心，而儿子却认为父母根本理解不了他，自己也理解不了父母。结果每次沟通都是在吵架，矛盾激化时，小周甚至与父亲发生了肢体冲突。小周情绪低迷，直至抑郁休学，父母悲苦哀怨，现场泪流满面，却无能为力。

我在观看视频时，看到很多弹幕，发现大部分都是在说"儿子太不孝了""儿子简直是神经病""这样的儿子不要也罢"……相信很多人也会有类似的想法，但是从巫丫九型的角度来分析，这就是"父母不懂孩子性格，孩子也不了解父母性格"造成的悲剧。不可否认，案例中的父母是伟大的，他们穷尽所有只为孩子能有出息，然而教育方式存在问题。这对父母是巫丫九型中的六号型性格，他们受中国传统文化影响很深，非常在乎儿子的学业和前程，却很少关心儿子的真实感受。儿子小周却是巫丫九型中的四号型性格，四号型的人通常都有缺失感，属于爱情至上主义者，在乎真实和自我感受，情绪化非常严重，然而共情能力偏弱，所以小周自己也说很难理解父母的做法。因此，在家庭教育上，帮助孩子打造健全的人格远比学习成绩更重要。所幸，通过各位老师的努力，特别是巫丫老师在密室调解过程中给小周重点解说了他和父母各自的性格特点及思考方式，以及如何更好地理解和沟通，最后父母与小周的矛盾化解，小周为之前对父母的伤害深表忏悔，并承诺今后要以父母的性格及需求为主导，付出行动孝顺父母，并愿意重返校园奋发图强，实现梦想。至此，调解圆满结束。

小周与父母的关系及矛盾，只是生活的一个简单缩影。现实生活中很多亲子关系矛盾，包括孩子叛逆、早恋、沉迷游戏、抑郁甚至自杀等各种问题，均来自父母与孩子之间相互不了解或者家长错误的教育方式。当今社会中，许多家长努力拼搏，想尽办法赚钱，就是为了给孩子提供更好的物质生活与条件。有很大一部分家长认为，只要孩子能考高分，有优异的学习成绩，只要把孩子送进顶级名校或高等学府，学校就能把孩子栽培好，孩子就能有远大的前程与未来。殊不知，目前国内学校的主要职责是提升孩子的知识和技能水平；而帮助孩子拥有正确的世界观、价值观与人生观，使孩子由内而外强大及拥有健全人格，是家长应承担的主要职责。一个孩子只有三观正确，内心强大，长大之后才能更好地在社会上立足，并在人生路上更加顺利、成功及幸福快乐；而一个三观不正或内心不堪一击的孩子，哪怕学习成绩再好，技能再优秀，终将容易陷入绝境或误入歧途，伤害自己或伤害他人及社会，又何谈幸福？所以，家长必须明白，健全人格的培养才是家庭教育的重中之重。而家长是否能有正确的教育观念，是否能在家庭教育的过程中做到言传身教、知行合一，甚至家长自身的人格是否健全、内心是否强大，都将真正全方位地影响孩子的一生。

当然，巫丫老师不仅是在江西卫视《金牌调解》上运用巫丫九型帮助亲子关系出现问题的家庭，她还走遍上海、浙江、福建、广东、湖南、江苏、安徽等地，给大学、中学、小学、幼儿园的孩子及家长普及正确的学习成长及教育理念，并传授针对孩子性格因材施教的具体方法和措施。16 年来，巫丫老师帮助无数个家庭化解矛盾与误会，促进亲子关系和谐；同时，也帮助许多父母深入了解孩子性格，走入孩子内心世界，促进孩子内心强大，并塑造健全人格。目前，巫丫老师在教育界收获了大量的忠实粉丝。

五、写在最后

现在可以回答本文标题的问题了："巫丫九型，到底是什么？"巫丫九型是巫丫老师在传统九型人格理论基础上，结合 16

年的实战经验,揭示中国人特有的微表情和身体语言与人内在性格的联系,帮助人们在3~5分钟时间内快速读懂人心,进而在商业、情感、教育中更为高效地创造共赢成果的应用心理学体系。巫丫九型把深奥的心理学理论研究转化成简单易学的实战心理学,不仅是商业经营、情感交流、亲子教育中独具魅力的法宝,也是人们自我认知、自我觉醒、自我提升、自我修炼及自我超越的镜子。通过它,你可以更加客观中立地看见自己性格的各种优势与不足,为自己发挥优势、弥补不足提供正确方向,并提升自己的情商、逆商与格局,拓展思维和眼界。正所谓"修用一体",对内"知己"为"自修",对外"知彼"为"应用",知己知彼,方可百战百胜!

巫丫九型乃心理学领域的一朵奇花,魅力无穷!

附录二

巫丫九型人格测试

此份自我测评问卷是基于巫丫九型外在性格指标设计而成的，包含144道二选一的题目，主要用于帮助您有效地掌握个人的性格特质及行为习惯。

此测试中的答案没有正确与错误之分，仅是反映您自己的外在性格特质及行为习惯。

此份问卷将有助于您更好地了解自身的外在性格优劣势和行为特点，并知道在何种情形下您的行动将更为有效。同时，您还可以通过此问卷知道他人是如何看待他们自己的，以及相互间又是如何相处和影响的。

为了使测试对您有实际的帮助，请如实地回答每道题，并在45分钟内做完。

答题方法说明

每一道题都包含了两种状况可供选择,请仔细阅读,并依据您平时的一些行为习惯选择其中一种状况,同时在相应的括号内打钩。

在答题时,可能会遇到两种状况都不符合,或两种状况都符合的情况。无论是哪种,请选择其中您最倾向的答案。

如果您留有空项或多选,那将影响您的测试结果。

		A	B	C	D	E	F	G	H	I
1	我浪漫并富于幻想					[ ]				
	我很实际并实事求是		[ ]							
2	我倾向于接受冲突							[ ]		
	我倾向于避免冲突	[ ]								
3	我一般是老练的、有魅力的以及有上进心的			[ ]						
	我一般是直率的、刻板的以及空想的					[ ]				
4	我倾向于集中于某事物并紧张								[ ]	
	我倾向于自然的并喜欢开玩笑									[ ]
5	我是待人友好的并愿意结交新的朋友						[ ]			
	我是独处的人,不太愿意与人交往					[ ]				
6	我很难放松并停止思考潜在的问题	[ ]								
	潜在的问题不会影响我的工作	[ ]								

		A	B	C	D	E	F	G	H	I
7	我是一个很好的"聪明"的生存者							[ ]		
	我是一个很好的"高尚"的理想主义者				[ ]					
8	我需要给别人爱					[ ]				
	我愿意与别人保持一定的距离							[ ]		
9	当给我一项新任务时,我通常问自己它是否对我有用			[ ]						
	当给我一项新任务时,我通常问自己它是否有趣									[ ]
10	我倾向于关注我自己					[ ]				
	我倾向于关注他人	[ ]								
11	别人依赖于我的见识与知识								[ ]	
	别人依赖于我的力量与决策							[ ]		
12	我给人的印象是十分不自信		[ ]							
	我给人的印象是十分自信					[ ]				
13	我更加注重关系						[ ]			
	我更加注重目的			[ ]						
14	我不能大胆地表达我自己					[ ]				
	我能大胆地说出别人想说但不敢说的话									[ ]
15	不考虑其他选择而做某一确定的事对我来说是很困难的								[ ]	
	放松且更具灵活性对我来说是很困难的					[ ]				
16	我倾向于犹豫与拖延		[ ]							
	我倾向于大胆与果断							[ ]		
17	我不愿意别人给我带来麻烦	[ ]								
	我希望别人依赖我,让我帮忙解决麻烦						[ ]			

		A	B	C	D	E	F	G	H	I
18	通常我会为了完成工作而将感情置于一边			[ ]						
	通常我会在做事情之前克制我的感情					[ ]				
19	一般来说，我讲求方法并且很谨慎	[ ]								
	一般来说，我敢于冒险								[ ]	
20	我倾向于成为帮助、给予型的人，喜欢与他人在一起					[ ]				
	我倾向于成为严肃、缄默的人，喜欢讨论问题				[ ]					
21	我常常感到自己需要成为顶梁柱							[ ]		
	我常常感到自己需要做得十全十美			[ ]						
22	我主要感兴趣于问难题并保持独立性								[ ]	
	我主要感兴趣于保持心理的稳定与平静	[ ]								
23	我太顽固并持有怀疑的态度		[ ]							
	我太软心肠并多愁善感						[ ]			
24	我常常担心我不能得到较好的东西								[ ]	
	我常常担心如果我放松警惕，别人就会欺骗我						[ ]			
25	我习惯于表现得很冷淡而使别人生气				[ ]					
	我习惯于指使别人做事而使他们生气			[ ]						
26	如果有太多的刺激和鼓舞，我会感到忧虑	[ ]								
	如果没有太多的刺激和鼓舞，我会感到忧虑								[ ]	

		A	B	C	D	E	F	G	H	I
27	我要依靠我的朋友，并且他们知道他们可以依靠我		[ ]							
	我不依靠别人并独立做事			[ ]						
28	我倾向于独立与专心								[ ]	
	我倾向于情绪化并热衷于自己的想法					[ ]				
29	我喜欢向别人提出挑战，并且使他们振奋起来							[ ]		
	我喜欢安慰他人，使他们冷静下来						[ ]			
30	我总的来说是个开朗的并喜欢交际的人									[ ]
	我总的来说是个认真的并很能自律的人			[ ]						
31	我希望能迎合别人——当我与别人距离很远，我感到不舒服	[ ]								
	我希望与众不同——当我不能看到别人与我的区别，我感到不舒服			[ ]						
32	对我来说，追求个人的兴趣比舒适与安全更重要								[ ]	
	对我来说，追求舒适与安全比个人的兴趣更重要		[ ]							
33	当与他人有冲突时，我倾向于退缩					[ ]				
	当与他人有冲突时，我很少会改变原先的态度							[ ]		
34	我很容易屈服并受他人摆布	[ ]								
	我不对别人做出让步，并对他们下达命令				[ ]					
35	我很赏识自己高昂的精神状态与深沉								[ ]	
	我很赏识自己深层的关心与热情						[ ]			

		A	B	C	D	E	F	G	H	I
36	我很想给别人留下好的印象			[ ]						
	我并不在乎要给别人留下好的印象								[ ]	
37	我依赖我的毅力与常有的感觉		[ ]							
	我依赖我的想象与瞬间的灵感				[ ]					
38	基本上来说,我是很随和的、很可爱的	[ ]								
	基本上来说,我是精力旺盛的、过分自信的							[ ]		
39	我努力工作以求得到别人的接受与喜欢			[ ]						
	得到别人的接受与喜欢对我来说并不重要					[ ]				
40	当别人给我压力时我变得更加退缩								[ ]	
	当别人给我压力时我会变得更加自信									[ ]
41	人们对我感兴趣是因为我很开朗、有吸引力、有趣						[ ]			
	人们对我感兴趣是因为我很安静、不同寻常、深沉					[ ]				
42	职责与责任对我很重要		[ ]							
	协调与认可对我很重要	[ ]								
43	我制订出重要的计划并做出承诺,以此来鼓励人们							[ ]		
	我会指出不按照我的建议做所产生的后果,以此来鼓励人们					[ ]				
44	我很少表露出情绪								[ ]	
	我经常表露出情绪					[ ]				
45	我不擅长于处理琐屑的事									[ ]
	我擅长于处理琐屑的事			[ ]						

		A	B	C	D	E	F	G	H	I
46	我常常强调自己与绝大多数人的不同之处					[ ]				
	我常常强调自己与绝大多数人的共同之处	[ ]								
47	当场面变得热闹起来时,我倾向于站在一旁								[ ]	
	当场面变得热闹起来时,我倾向于加入其中							[ ]		
48	即使朋友不对,我也会支持他们		[ ]							
	我不想为了友情对正确的事情做妥协				[ ]					
49	我是一个善意的支持者						[ ]			
	我是一个积极的老手			[ ]						
50	当遇到困难时,我倾向于夸大我的问题					[ ]				
	当遇到困难时,我倾向于转移注意力									[ ]
51	总的来说,我很确信知道情况应该如何				[ ]					
	总的来说,我对情况持怀疑的态度								[ ]	
52	我的悲观、抱怨会给别人带来麻烦		[ ]							
	我的老板式的、控制的方式会给别人带来麻烦							[ ]		
53	我倾向于按我的感觉办事并听之任之						[ ]			
	我倾向于不按照我的感觉办事以免产生更多的问题	[ ]								

	A	B	C	D	E	F	G	H	I
54 通常我成为注意的焦点时会很自然			[ ]						
通常我成为注意的焦点时会很不习惯					[ ]				
55 我做事情很谨慎，努力为意料之外的事情做准备		[ ]							
我做事情凭一时冲动，只在问题出现时才临时准备									[ ]
56 当别人不是很欣赏我为他们所做的事情时我会很生气					[ ]				
当别人不听我说时我会很生气			[ ]						
57 独立、自力更生对我很重要							[ ]		
有价值、得到别人的称赞对我很重要			[ ]						
58 当与朋友争论时，我倾向于强烈地坚持自己的观点								[ ]	
当与朋友争论时，我倾向于顺其自然，以免伤了和气	[ ]								
59 我常常占有所爱的人——我不能放任他们					[ ]				
我常常考察所爱的人，想确定他们是否爱我		[ ]							
60 组织资源并促使某些事情的发生是我的优势之一							[ ]		
提出新观点并振奋人心是我的优势之一									[ ]
61 我要在别人的驱策下才会做事，不能依赖自己				[ ]					
我过于情绪化，不能自律					[ ]				

		A	B	C	D	E	F	G	H	I
62	我试图使生活快节奏、紧张并充满兴奋的感觉									[ ]
	我试图使生活有规律、稳定、宁静	[ ]								
63	尽管我已取得成功,但我仍怀疑自己的能力		[ ]							
	尽管我受到挫折,但我仍相信自己的能力			[ ]						
64	一般我倾向于详细研究自己的情感并保持此情感很久					[ ]				
	一般我倾向于减少自己的情感并不加以注意								[ ]	
65	我对许多人加以注意并培养他们						[ ]			
	我指导许多人并鼓励他们							[ ]		
66	我对自己要求有点严格				[ ]					
	我对自己有点宽容									[ ]
67	我倾向于独断,并追求卓越			[ ]						
	我谦虚,喜欢按自己的节奏做事	[ ]								
68	我为自己的清晰性与目标性感到自豪								[ ]	
	我为自己的可靠性与诚实而感到自豪		[ ]							
69	我花大量的时间反省——理解自己的感受对我来说是很重要的					[ ]				
	我花大量的时间反省——做完事情对我来说是很重要的							[ ]		
70	总的来说,我是一个热情的、随和的人	[ ]								
	总的来说,我是一个严肃的、有品位的人				[ ]					

		A	B	C	D	E	F	G	H	I
71	我头脑灵活,精力充沛								[ ]	
	我有一颗炽热的心,具有奉献精神						[ ]			
72	我所做的事情要有极大的可能性得到奖励与赏识			[ ]						
	如果所做的事是我所感兴趣的,我愿意放弃自己的奖励与赏识								[ ]	
73	我认为履行社会义务并不重要				[ ]					
	我常常认真地履行我的社会义务		[ ]							
74	在绝大多数情况下,我愿意做领导							[ ]		
	在绝大多数情况下,我愿意让其他人做领导	[ ]								
75	多年以来,我的价值观与生活方式变化了好几次				[ ]					
	多年以来,我的价值观与生活方式基本没有变化		[ ]							
76	一般我缺乏自律能力									[ ]
	一般我与别人的联系很少								[ ]	
77	我倾向于拒绝给予爱,希望别人进入我的世界					[ ]				
	我倾向于过于直率地给别人爱,希望自己进入别人的世界						[ ]			
78	我倾向于做最坏的打算		[ ]							
	我倾向于认为任何事情都会变得更好	[ ]								
79	人们相信我是因为我很自信并且尽全力做到最好							[ ]		
	人们相信我是因为我很公正,会正确地做事				[ ]					

		A	B	C	D	E	F	G	H	I
80	我常常忙于自己的事情而忽略了与他人的交往								[ ]	
	我常常忙于与他人的交往而忽略了自己的事情						[ ]			
81	当第一次遇到某人时，通常我会镇定自若并沉默寡言			[ ]						
	当第一次遇到某人时，通常我会闲聊并使人觉得有趣									[ ]
82	总而言之，我是很悲观的					[ ]				
	总而言之，我是很乐观的	[ ]								
83	我更喜欢待在自己的小世界里								[ ]	
	我更喜欢让全世界的人知道我的所在							[ ]		
84	我常常被紧张、不安全与怀疑而困扰	[ ]								
	我常常被生气、完美主义与不耐烦而困扰				[ ]					
85	我意识到我太有人情味与待人太亲密						[ ]			
	我意识到我太酷，过于冷漠			[ ]						
86	我失败是因为我不能抓住机会					[ ]				
	我失败是因为我追求太多的可能性									[ ]
87	我要过很长的时间才会采取行动								[ ]	
	我会立即采取行动				[ ]					
88	通常我很难做出决定		[ ]							
	我很少会感到难做出决定						[ ]			

懂孩子，才能更好地爱孩子：巫丫说家庭教育

		A	B	C	D	E	F	G	H	I
89	我倾向于给人留下态度强硬的印象						[ ]			
	我并不倾向于过多地坚持自己的意见	[ ]								
90	我情绪稳定			[ ]						
	我情绪多变					[ ]				
91	当不知道要干什么事情时，我常常会向别人寻求建议	[ ]								
	当不知道要干什么事情时，我会尝试不同的事情，以确定哪一种最适合我去做									[ ]
92	我担心别人搞活动时会忘记我					[ ]				
	我担心参加别人的活动会影响我做自己的事情				[ ]					
93	当我生气时，一般我会责备别人							[ ]		
	当我生气时，一般我会变得很冷淡			[ ]						
94	我很难入睡								[ ]	
	我很快就能入睡	[ ]								
95	我常常努力地思考如何与别人产生更为亲密的关系						[ ]			
	我常常努力地思考别人想从我这儿得到什么		[ ]							
96	通常我是慎重的、有话直说的并且深思熟虑的人							[ ]		
	通常我是易兴奋的、善于快速地说话以回避问题并且机智的人									[ ]
97	当看到别人犯错误时，我常常不说出口					[ ]				
	当看到别人犯错误时，我常常会帮助他们认识到所犯的错误				[ ]					

		A	B	C	D	E	F	G	H	I
98	在生活中的绝大多数时间里，我是情感激烈的人，会产生许多易变的情感								[ ]	
	在生活中的绝大多数时间里，我是很稳定的人，我会心如止水	[ ]								
99	当我不喜欢某些人时，我会掩藏自己的情感而努力地保持热情			[ ]						
	当我不喜欢某些人时，我会以这种或那种方式让他们知道我的情感		[ ]							
100	我与别人交往有困难是因为我很敏感并总是从自己的角度考虑事情				[ ]					
	我与别人交往有困难是因为我不太在乎社会习俗								[ ]	
101	我的方法是直接帮助别人						[ ]			
	我的方法是告诉别人如何自助							[ ]		
102	总的来说，我喜欢释放并突破所受的限制									[ ]
	总的来说，我不喜欢过多地失去自我控制				[ ]					
103	我过度地关注于要比别人做得好			[ ]						
	我过度地关注于把别人的事做好就行	[ ]								
104	我的想法总是很玄乎，包含着想象与好奇								[ ]	
	我的想法总是很实际，只是试图保持事情的发展状态		[ ]							

	A	B	C	D	E	F	G	H	I
105 我的主要优势之一就是我能够控制场面							[ ]		
我的主要优势之一就是我能够讲述内心的感受					[ ]				
106 我努力争取做好事情而不管这样会使别人不开心				[ ]					
我不喜欢有压力的感觉，所以也不喜欢压制别人	[ ]								
107 我常常感到骄傲，因为我对别人的生活起着重要的作用						[ ]			
我常常感到骄傲，因为我对新的经历会很感兴趣并且乐于接受									[ ]
108 我认为我给别人留下的印象是好样的甚至很令人钦佩			[ ]						
我认为我给别人留下的印象是与众不同的甚至很古怪								[ ]	
109 一般我做我必须去做的事		[ ]							
一般我做我想做的事					[ ]				
110 我很喜欢处于高度的压力之下甚至是困难的情景中							[ ]		
我不喜欢处于高度的压力之下甚至是困难的情景中	[ ]								
111 我为自己的灵活能力而感到骄傲——我知道合适的或重要的情况是变化的			[ ]						
我为自己的立场感到骄傲——我有坚定的信念				[ ]					
112 我的风格倾向于节约而朴实								[ ]	
我的风格倾向于过度并过量地做某些事情									[ ]

	A	B	C	D	E	F	G	H	I
113 我的健康与幸福受到伤害是因为我有强烈的愿望去帮助别人						[ ]			
我的人际关系受到损害是因为我只关注于自己的需要					[ ]				
114 总的来说,我太坦诚、太天真	[ ]								
总的来说,我过于谨慎、过于戒备		[ ]							
115 有时我因过于好斗而令人厌恶							[ ]		
有时我因太紧张而令人厌恶				[ ]					
116 关心别人的需要并提供服务对我来说是很重要的						[ ]			
寻找看待并做好事情的其他方法对我来说是很重要的								[ ]	
117 我全身心地、持之以恒地追求我的目标			[ ]						
我喜欢探索各种行动,想看看最终的结果如何									[ ]
118 我经常会激起强烈与紧张的情绪					[ ]				
我经常使自己冷静与安逸	[ ]								
119 我不太注重实际的结果,而注重自己的兴趣								[ ]	
我很实际并希望我的工作有具体的结果							[ ]		
120 我有强烈的归属需要		[ ]							
我有强烈的平衡需要				[ ]					
121 过去我可能过于要求朋友间的亲密						[ ]			
过去我可能过于要求朋友间的疏远			[ ]						
122 我倾向于回忆过去的事情				[ ]					
我倾向于预期未来所要做的事情									[ ]

		A	B	C	D	E	F	G	H	I
123	我倾向于将人看作是很麻烦的和苛刻的								[ ]	
	我倾向于将人看作是很莽撞的和有需求的			[ ]						
124	总的来说，我不太自信	[ ]								
	总的来说，我仅相信自己							[ ]		
125	我可能太被动，不积极参与	[ ]								
	我可能控制过多					[ ]				
126	我经常因为怀疑自己而停下来					[ ]				
	我很少会怀疑自己			[ ]						
127	如果让我在熟悉的东西与新的东西之间做出选择，我会选新的东西									[ ]
	我一般会选我所喜欢的东西，会对我所不喜欢的东西而感到失望		[ ]							
128	我给别人大量的身体接触以使他们相信我对他们的爱						[ ]			
	我认为真正的爱不需要身体的接触				[ ]					
129	当我需要责备别人时，我是很严厉、很直截了当的							[ ]		
	当我需要责备别人时，我常常是旁敲侧击的			[ ]						
130	我对别人认为很困扰甚至很可怕的学科很感兴趣								[ ]	
	我不喜欢去研究令人困扰的、可怕的学科	[ ]								
131	我因妨碍、干扰别人而受到指责						[ ]			
	我因过于逃避、沉默寡言而受到别人的指责		[ ]							

	A	B	C	D	E	F	G	H	I
132 我担心没有办法履行我的职责							[ ]		
我担心自己缺乏自律,不能履行职责									[ ]
133 总的来说,我是一个很凭直觉办事并且极度个人主义的人					[ ]				
总的来说,我是一个很有组织的并且负责任的人			[ ]						
134 克服惰性是我的主要问题之一	[ ]								
不能缓慢下来是我的主要问题之一									[ ]
135 当我觉得不安全时,我会变得傲慢,表示对此的轻视			[ ]						
当我觉得不安全时,我会自卫并变得好争论		[ ]							
136 我是思想开明的,乐意尝试新的方法								[ ]	
我会表白真情,乐意与别人分享我的情感				[ ]					
137 在别人面前我会表现得比实际的我更为强硬些							[ ]		
在别人面前我会表现得比实际的我更为在意些						[ ]			
138 通常我是按我的良心与理性去做事情				[ ]					
通常我是按我的感觉与冲动去做事情									[ ]
139 严峻的逆境使我变得坚强			[ ]						
严峻的逆境使我变得气馁与听天由命	[ ]								

	A	B	C	D	E	F	G	H	I
140 我确信有某种"安全网"以依靠	[ ]								
我常常要选择居于边缘而无所依靠								[ ]	
141 我要为了别人而表现得很坚强，所以没有时间顾及自己的情感与忧虑							[ ]		
我不能应对自己的情感与忧虑，所以我不能为别人而表现得很坚强					[ ]				
142 我常常觉得奇怪，生活中美好的事情很多，为什么人们只看到消极的一面	[ ]								
我常常觉得奇怪，生活很糟糕，为什么人还这么开心				[ ]					
143 我努力使自己不被看作是自私的人					[ ]				
我努力使自己不被看作是令人讨厌的人									[ ]
144 当我担心被别人的需要与要求压垮时，我会避免产生亲密的关系								[ ]	
当我担心会辜负人们对我的期望时，我会避免产生亲密的关系			[ ]						

计分方法说明

　　将每一栏打钩的数目相加，并将总钩数填入下图中。如A栏中共打过5个钩，就将"5"填入下图中标有A的方框中；B栏中共打过7个钩，就将"7"填入下图中标有B的方框中；以此类推。如果您在答题过程中正确地打钩以及正确地计算总数，则下图中A到I方框中的数字相加应等于144；如果不是，请检查是否正确地打钩或正确地计算总数。

栏目	A	B	C	D	E	F	G	H	I
总数									
个性类型	第九型	第六型	第三型	第一型	第四型	第二型	第八型	第五型	第七型

解释：总分最高的一项有可能是你的主要性格型号，但请勿将此作为最终结果。你应多留意、反省自己，或者进入巫丫九型专业课程进行自我探索及由专家导师进行指导，而不是只依赖问卷测试。

附录三

巫丫九型人格各类型孩子的性格特征及家庭教育的核心教育方法

巫丫九型人格之一号完美型孩子的性格特征
- ★ 喜欢规律、秩序、建立好的习惯、注意细节
- ★ 喜欢纠正及批判别人,做事严谨,行动力强
- ★ 容易气馁,固执,急躁,脾气不好
- ★ 对父母的期待会全力以赴
- ★ 责任感强,要求与指令明确
- ★ 有自我监察能力
- ★ 家长批评与指责时容易愤怒
- ★ 对不能胜任的事显得很焦虑
- ★ 很会收拾东西,整洁、整齐
- ★ 发起怒来非常激烈

巫丫九型人格之一号完美型孩子的培养目标和培育要点

培养目标

追求卓越,学会宽容。

完美型孩子最显著的优点是自我要求高,做事有规律,直率真挚,主要的不足是追求完美,太重小节,吹毛求疵。因此,家

长不要对孩子提太高的要求，要帮助孩子克服完美主义，增强孩子承受失败的能力。

培育要点

★ 培养良好的习惯

★ 多角度思考

★ 从小让他明白"失败乃兵家常事"的道理

★ 给他多些玩耍及放松的机会

★ 多从事绘画、音乐、舞蹈、太极等活动，提升孩子的感性思维

★ 尽量提供富有幽默感的成长环境

★ 培养孩子的灵活性及弹性

★ 提高孩子的情绪智商

★ 教小孩学会体贴自己

★ 家长一定不要对这类型孩子要求太高

★ 教孩子多关注他人及事物的存在

★ 协助孩子从小学习减压方法，接纳不完美的自己

家长需要采取的核心教育方法

1. 完美不苛求，批评有艺术（批评先说自己，纠错先给肯定）

2. 期望适度，缓解压力（爱护上进心，增加抗压能力）

3. 宣泄不良情绪，增强积极心态（困难就是挑战，增加希望）

4. 消除畏难情绪，增强耐挫能力（困难就是挑战，竭尽所能）

5. 适当疏远，消除孩子的退缩现象（培养独立性，消除退缩行为）

6. 容人容己，快乐无忧（善待自己，欣赏他人）

巫丫九型人格之二号助人型孩子的性格特征

★ 慈善心肠，乐意分享，关注别人的需要

★ 既温柔又快乐，开朗乐观，活泼可爱

★ 对别人的责备及批评非常敏感，极度在意家长的重视度

★ 对被拒绝非常敏感、困扰

★ 努力迁就，取悦父母，以换取赞赏

巫丫九型人格之二号助人型孩子的培养目标和培育要点

培养目标

鼓励善良，强化原则。

助人型孩子最显著的特点是善良温柔，乐于奉献，可面子软，自尊心强，把人际关系和感情看得太重，因此原则性差。家长应该注意开发孩子善良和奉献的一面，同时也必须全力改变孩子的弱点，给孩子足够的尊重，训练孩子的理性思维和识人能力，以免孩子经常吃亏。

培育要点

★ 多奖励孩子直言、敢言、诚实、正直的行为

★ 建立健全行事步骤与系统，提升孩子看待事物的理性思维

★ 培养广泛阅读的习惯，吸收客观的常识

★ 父母要保持前后一致的管教作风

★ 家长不要居高临下地说话，以免伤害孩子的自尊心

★ 多聆听孩子的话

★ 多与孩子一对一相处，拓展情感的深度

★ 应包容孩子偶尔的反抗，别让孩子压抑情绪

★ 经常向孩子表达：我非常重视你的一切

家长需要采取的核心教育方法

1. 肯定孩子的优点，理解孩子的不足（理解孩子的热心，教会孩子适度）

2. 力所能及时自己做，力不从心时去求人（临危要镇静，遇险会求助）

3. 不让孩子勉为其难，学会拒绝的技巧（爱护孩子的善心，训练孩子学会谢绝）

4. 提倡关注他人，强化自我（自我意识，自我发展）

5. 父母不能恶语相向，批评孩子要讲技巧（批评之前先赞美，教育之前表达爱）

6. 人前教子不可取（孩子的面子大，不要用"谦虚"贬低孩子）

巫丫九型人格之三号成就型孩子的性格特征

★ 乐观，自信，积极

★ 好威风，爱表现

★ 倾向于实际，善于观察环境、鉴貌辨色

★ 投机取巧，好逞强，夸大其词，流露骄傲

★ 用成绩及成果来获得大人的肯定

★ 积极优秀，是长辈眼中的理想孩子

★ 参与的事情有可能失败时，会推卸责任及转变方向

★ 不懂得表达内在情感

巫丫九型人格之三号成就型孩子的培养目标和培育要点

培养目标

支持实干进取，反对投机取巧。

成就型孩子最显著的特点是积极进取，独立性强，讲究效率，可是爱出风头，常贬低他人，争强好胜，喜欢走捷径，有时会投机取巧或急于求成。因此，家长应帮助孩子更务实、更踏实并遵守游戏规则。

培育要点

★ 培育内在的善心

★ 多在公开场合赞美孩子，尤其是针对孩子在善心方面的表现

★ 引导孩子参加没有竞争性的怡情活动

★ 自小灌输给孩子：成功与好成绩不能决定人生的价值，成长的过程最重要

★ 教育孩子认识、分清自己的情绪

★ 教育孩子难过、寂寞、悲伤并不可耻

★ 培养孩子享受艺术方面的乐趣，提升孩子思想及灵魂的深刻性

★ 帮助孩子学会反思自己的不足，不可过于自信或过于相信他人或事物的发展，提升负面思维及风控意识

家长需要采取的核心教育方法

1. 不要投机取巧，要脚踏实地（淡化分数的影响，增强承受失败的能力）

2. 确定评价标准，正确评价自己和他人（孩子各有所长，横向比较要不得）

3. 重视过程，淡化结果（过程好了，结果自然好）

4. 倾听自己的声音，面对真实的人生（启发乖孩子出动，限制狂孩子行为）

5. 关注他人感受，培养合作精神（孩子必须有朋友，做事最好能合作）

6. 对人真诚坦荡，建立真挚友谊（尊重孩子的隐私，架起信任的桥梁）

巫丫九型人格之四号自我型孩子的性格特征

四号自我型有三个分类：冰川四、火焰四、经典四。

★ 冰川四：害羞，内敛，喜欢独处，沉浸在自我的世界中

★ 火焰四：善交际，重视人际关系，热烈奔放，情绪剧烈

★ 经典四：有时害羞有时热烈，审美能力独特

★ 情感细腻敏感

★ 直觉敏锐，情绪多变

★ 自尊心易受损

★ 内心胆怯，孤单骄傲

★ 右脑发达，善于捕捉音韵、旋律及抽象符号

★ 观点不受肯定时易生激烈情绪

★ 喜欢追求独特及创造力，不喜爱平淡

★ 讨厌服从，不随便接受理解不到的命令

★ 个性叛逆

★ 自我、任性

巫丫九型人格之四号自我型孩子的培养目标和培育要点

培养目标

追求卓越,增长理性。

自我型孩子最显著的特点是富有创造力,想象力丰富,不喜欢平淡,表面温和,内心孤独,情绪不稳定,喜欢独处,不善于表现。家长要注意培养孩子艺术方面的特殊才干及训练孩子的理性思维。

培育要点

★ 不要放纵孩子的情绪,但要冷静了解孩子的想法

★ 别硬要孩子跟别人做一样的事,如果要做,必须找一个孩子能接纳的理由

★ 让孩子明白若为所欲为,丝毫不顾及他人感受,会严重伤害到他人,尤其是跟自己亲近的人,要帮助孩子留意到自己情绪忧伤或愤怒时语言的尖锐

★ 尊重孩子的自主性

★ 避免过多的干涉与过度的保护,同时,要经常向孩子表达爱意,弥补孩子内心的缺失

★ 避免严厉的责备,要冷静而温和,杜绝任何有损孩子自尊的言辞

★ 多让孩子参与作文、绘画、音乐等艺术活动,挑选一至两项培养孩子的艺术专长

★ 可让孩子多参与围棋、密室逃脱等活动及游戏,帮助孩子掌握一些客观事理和原则,提升理性思维及逻辑推理能力

★ 鼓励孩子多参与有意义的集体活动,比如,在孤儿院、养

老院帮助他人，让孩子探索生命的意义与价值
　　★ 让孩子多参加团队活动，训练孩子的团队协作意识
　　★ 知心朋友对孩子十分重要
　　★ 挑选良好的心灵读物作为孩子内省的指南

家长需要采取的核心教育方法

　　1. 引导孩子关注现实，发展孩子的天赋才能（顺应兴趣，发展特长）

　　2. 营造乐观氛围，克服消极情绪（搞好情绪管理，合理释放不良情绪）

　　3. 学习与人交往，打破自我封闭（接纳他人，真诚沟通）

　　4. 发展独特性，培养创造力（欣赏孩子的独特，发展孩子的特长）

　　5. 平凡而不平庸，独特而不怪异（平常的心态，卓越的成就）

　　6. 防止过于敏感，让孩子远离忧郁（训练理性思维，避免过于敏感）

● ● ● ● ● ● ● ● ● ● ● ● ● ● ●

巫丫九型人格之五号智慧型孩子的性格特征

　　★ 聪明，好思考，喜发问，求知欲强
　　★ 喜欢自己动手做事，少依赖，欲望不多
　　★ 喜欢一个人玩，缺乏多变生动的表情
　　★ 在权威的人面前显现不自在
　　★ 喜欢收集资料，喜欢观察及分析
　　★ 对自己的知识及观察力抱有优越感
　　★ 热爱知识和资讯，喜欢深度钻研

★ 不合群和不喜欢规矩

★ 不善表达自己

★ 有时会为达成自己的目的运用谋略，比如撒谎

巫丫九型人格之五号智慧型孩子的培养目标和培育要点

培养目标

善于思考，勇于行动。

智慧型孩子最显著的特点是喜欢思考，行动迟缓。因此，在关注和提高孩子思维能力的同时，要用灵活的方法激励孩子敢于行动。这样，智慧型孩子就会脱颖而出。

培育要点

★ 给予孩子恒常稳定的支持和安全感

★ 多对他说：我们接纳你的一切

★ 给予无压力的温暖

★ 切忌啰唆，避免过度的干涉、太过照顾

★ 给孩子清楚、简单、坚决的要求，以及清晰的时间界限

★ 接纳孩子的问题及重视孩子的意见与观点

★ 父母应扮演体贴且有耐心的观众，这样孩子才肯面对自己的情绪

★ 要懂得嘉许，并仔细聆听孩子的心声，鼓励孩子将心中的情感表达出来

★ 让孩子明白凡事需身体力行才能有所成就，而不是纸上谈兵

★ 尽力培养孩子的社交能力，让孩子多参与社交活动

家长需要采取的核心教育方法

1. 消除恐惧心理，鼓励孩子实干（提高速度，大胆做事）
2. 给孩子私人空间（尊重孩子的选择，发挥孩子的特长）
3. 重视孩子的意识，接纳孩子的问题（学会倾听，帮助孩子宣泄及表达情绪）

巫丫九型人格之六号疑惑型孩子的性格特征

六号疑惑型分为两类：正六、反六。

★正六：退缩，害羞，服从，忠实，守规矩，易于亲近

★反六：发脾气，怀疑，攻击及斗争，尖叫，打斗，反权威，叛逆

★责任感强

★内心不自信，恐惧，缺乏安全感

★不自信，自我设限，易受生活及学习的困扰

★内心容易不安及恐惧，容易担心和怀疑

★正六型的孩子会从大人或朋友中寻求安全感，被称为"小白兔"。孩子期许得到老师、父母等权威者的保护，有逃避倾向

★反六型的孩子会极力向自己的恐惧感挑战，被称为"刺猬"。孩子对抗权威，怕什么做什么，行为上更勇敢及有魄力

★具有杞人忧天的特性

★猜疑心、警戒心很重

巫丫九型人格之六号疑惑型孩子的培养目标和培育要点

培养目标

忠诚谨慎守规则,自信信任多魄力。

家长要让孩子知道,没有足够的信心和包容心,没有足够的胆量,没有决策的自主性,是很难成就大事的。

培育要点

★ 忍耐和肯定,给孩子充分的认可及安全感

★ 让孩子清楚法则和可依循的途径,循序渐进带领孩子接触新事物

★ 教导自我安宁的方法,引导孩子明白终极的依靠来源于自己。家长与六号型孩子沟通时必须保持真诚的态度

★ 父母以身作则,做个好榜样

★ 跟其他孩子不同,六号型孩子内心缺乏安全感及自信心,极需被肯定及认可,所以父母需多鼓励,尽力提升孩子的自信心。但因孩子内心敏感多疑,父母不可过分赞美及夸奖,否则,孩子会不接纳甚至抗拒

★ 自小教会孩子:虽然其他人不能全然信任,但也应尽力找出别人的优点,接纳与包容他人

★ 教导他肯定别人的优点

★ 家长多与孩子一起享受运动或游戏的乐趣

★ 尽早给孩子灌输"人生以快乐为目的"的信念

家长需要采取的核心教育方法

1. 真心关注,认可欣赏(细心地观察,具体地夸奖)
2. 强化自信训练,鼓励孩子行动(精神上支持,行动上鼓励)

3. 肯定他人长处，宽容他人不足（指责不是好事，会欣赏才有朋友）

4. 学会正面思维，塑造快乐心灵（让兴趣推动学习，让快乐促成好习惯）

5. 不迷信权威，培养决策能力（希望孩子有主见，就让他自己决策）

6. 帮助孩子释放压力，培养拼搏精神（管要管出效果，放要放出个性）

巫丫九型人格之七号自由型孩子的性格特征

★ 开朗，自信，乐观，幽默，活跃

★ 喜欢察言观色，资质和天分很高，但欠缺耐力和持久力

★ 逃避痛苦和困难

★ 喜欢广交朋友，引人注意，精力充沛，积极

★ 否认难题和挫折，以否认及自圆其说去回避内心的恐慌，经常撒谎，不守信用或不负责任

★ 凡事希望独当一面，渴望快点成长

★ 对自己的思考力及判断力深具信心

★ 有自恋倾向

巫丫九型人格之七号自由型孩子的培养目标和培育要点
培养目标
提升创新能力，做到持之以恒。
自由型孩子最显著的特点是有创意，乐观自信，爱好广泛，

渴望长大，可是孩子做事常常虎头蛇尾，很多事情仅仅停留在计划阶段，很难从头执行到尾，要由他人收拾残局，缺乏耐力，注意力很难持久，常常用自圆其说来逃避内心的恐慌。

培育要点

★ 较适合启发性、挑战性、趣味性、灵活多变的教育模式

★ 多肯定、多欣赏孩子

★ 多表达对孩子所从事活动的期许（对结果的期待）

★ 寓教于乐，善用日常生活的例子施教

★ 善用关系去培养纪律性（遵守纪律会给自己和周围带来什么好处及快乐）

★ 让孩子明白自己的行为将会对别人产生影响，帮助孩子重视自己的行为给他人带来的结果，逐渐养成负责任的好习惯。自小帮助孩子树立这样的信念：为了实现自我，必须养成负责任的态度

家长需要采取的核心教育方法

1. 锻炼持久力，提高注意力（按部就班，逐步提升注意力）

2. 提高做事的趣味性，克服虎头蛇尾（做完整的事，体会成功的快乐）

3. 呵护好奇心，夯实创新基石（不回避疑难问题，帮助孩子找答案）

4. 克服以自我为中心，在体谅中升华品质（莫以孩子为中心）

5. 诚实是金，杜绝说谎（理解孩子的诺言，家长先要端正态度）

6. 尊重孩子的选择，保持愉快的情绪（因势利导，向孩子学习）

巫丫九型人格之八号领袖型孩子的性格特征

★ 充满精力,血气旺盛

★ 急怒,冲动,率直,不假修饰

★ 内心简单和天真

★ 不怕权威,锄强扶弱,打抱不平,主动帮忙

★ 充满行动力,先行动、后思想,忘记感受

★ 崇拜权力,想控制周遭的人。遇到强势对手时,更加冥顽不灵,会令照顾他的人感到棘手

★ 强烈自主,喜欢多变,爱表现自己、争吵,不喜欢规矩

★ 很容易过分投入到喜欢的事上,常处于兴奋状态

★ 喜欢将人与人的关系放置于对立局面

★ 不容易表现出内心焦虑、脆弱及柔软的一面

★ 游戏规则的建立者,同时也是破坏者

巫丫九型人格之八号领袖型孩子的培养目标和培育要点

培养目标

锻炼领导力,改掉急脾气。

领袖型孩子最显著的特点是行动迅速,做事果断,兴趣广泛,主动出击,脾气急躁,喜欢指使,固执己见,耐力不足,欠缺自律。家长应减轻孩子的压力,这样孩子才会拥有领袖力。

培育要点

★ 消除及转移多余精力,并教会孩子除了发怒以外的情绪发泄方法,如打球、拳击等

★ 给孩子讲一些英雄故事、名人传奇,在孩子心目中树立一

些优秀人士的成功榜样。

★要赢得孩子的信赖，家长必须以沉稳、忍耐、有条不紊、强势、诚实且前后一致的方式对待孩子

★对待孩子的态度要坚决，绝不妥协，要对事不对人，赢得孩子的敬重

★孩子愤怒时不要反应过度，要仔细聆听

★当孩子情绪高昂，固执己见时，最好的方法是中断话题，停止交流，直到孩子情绪冷静下来，家长才继续交流，要让孩子了解情绪稳定及平静态度的价值

★当孩子有天真、温柔的表现时，父母应表示出极度欣赏并鼓励孩子这种正向的情绪

★自小培养孩子刚柔并济的个性

★提升孩子的情绪智商

★帮助孩子认知并关注到自己的不足，并脚踏实地地改进，而不是太过自信，甚至自负

家长需要采取的核心教育方法

1. 培养忍耐力，锻炼稳定性（放手让孩子做事，锻炼孩子的耐性）

2. 提高自觉性，培养领袖力（规矩不要多，关键看结果）

3. 满足孩子的控制欲，培养责任意识（限制支配欲，发展协调力）

4. 直言很伤人，说话要得体（说话要动听，恶语要纠正）

5. 训练自控力，降低失误率（用规矩来规范行为，用道德来提高品质）

6. 量力而行，减轻压力（轻装上阵，讲求效率）

巫丫九型人格之九号和平型孩子的性格特征
★ 性情温和，容易相处，安乐自在，随和友善，情绪稳定
★ 容易受人影响，性格模棱两可
★ 爱好和平，得过且过，认为自己的想法与欲望不是很重要
★ 不喜欢表达意见但又能自得其乐
★ 逃避面对自己内在的感情世界
★ 节奏缓慢，做事被动，害怕冲突和竞争
★ 内心十分胆怯，容易受伤，不懂表达自己的需要
★ 在压力下会变得固执和冲动
★ 容易了解他人需求，大气付出
★ 真实

巫丫九型人格之九号和平型孩子的培养目标和培育要点
培养目标

低调包容，自主积极。

和平型孩子最显著的特点是沉着冷静，适应环境，为人低调，甘于现实，可是孩子的目标不高，办事拖拉，为人被动，人云亦云。家长要训练孩子的自主意识，培养孩子的决断能力和参与意识，树立高目标，克服依赖性。

培育要点
★ 孩子内心清高，自尊心强，切勿指责和压迫
★ 多倾心交谈，帮助孩子认识和表达自己的需要

★不可轻视或忽视孩子，应该时刻让孩子知道你重视孩子的存在

★让孩子敢于表达自己的想法及情绪

★日常生活中多督促孩子自己做决定

★不可采用压迫性的话语，这样会打击孩子说出真心话的意图

★孩子偶尔有生气或焦虑的表现时，家长应把握机会，帮助孩子展现自己的情感世界，学会表达真正的情感

★尽量给孩子制造一些意见受接纳的喜悦

★制定目标与时间表，让孩子接受清楚的指引和在规定时间内完成任务

★给孩子机会从事情的结果中进行总结及学习，再加以鼓励和激发

★不可期望过高

★沟通时不可妄下结论，要耐心聆听

★赞美可以增加孩子的自信及培养孩子积极进取的精神

家长需要采取的核心教育方法

1. 保持孩子的个性，增强其自主意识（说具体的话，做实在的事）

2. 鼓励孩子争辩，培养孩子的决断力（让孩子发表意见，给孩子决策权）

3. 认同孩子的感受，增加孩子的乐趣（训练孩子的自主意识，教育孩子自尊自爱）

4. 鼓励孩子多行动，强化孩子的参与意识（让孩子知道梨子

的滋味,不要仅仅当看客)

5. 制定较高的目标,克服依赖性(必须独立,不能依赖成性)

6. 人人都有优势,命运就掌握在自己手里(变消极被动为积极主动,帮助孩子认识自己)